U1021325

交通大学西迁纪念册

西安交通大学档案馆

策划与审定 贾箭鸣
执 行 主 编 谢立勤
编写组成员 张小亚 杨 凌 洪 楠 叶晨露

西安交通大学出版社
XI'AN JIAOTONG UNIVERSITY PRESS

图书在版编目(CIP)数据

交通大学西迁纪念册/西安交通大学档案馆编.
—西安:西安交通大学出版社,2015.11(2016.6 重印)
ISBN 978-7-5605-8088-3

Ⅰ.①交…　Ⅱ.①西…　Ⅲ.①西安交通大学-校史
Ⅳ.①G649.284.11

中国版本图书馆 CIP 数据核字(2015)第 271349 号

书　　名　交通大学西迁纪念册
编　　者　西安交通大学档案馆
责任编辑　柳　晨

出版发行　西安交通大学出版社
(西安市兴庆南路 10 号　邮政编码 710049)
网　　址　http://www.xjtupress.com
电　　话　(029)82668357　82667874(发行中心)
(029)82668315(总编办)
传　　真　(029)82668280
印　　刷　虎彩印艺股份有限公司

开　　本　889mm×1194mm　1/16　**印张**　18.75　**插页**　2　**字数**　288 千字
版次印次　2016 年 3 月第 1 版　2016 年 6 月第 2 次印刷
书　　号　ISBN 978-7-5605-8088-3/G·1333
定　　价　128.00 元

读者购书、书店添货,如发现印装质量问题,请与本社发行中心联系、调换。
订购热线:(029)82665248　(029)82665249
投稿热线:(029)82668526
读者信箱:xjtu_hotreading@sina.com

版权所有　侵权必究

出版说明

2016 年适逢交通大学西迁 60 周年，西安交大档案馆根据馆藏资料文献，编辑出版了这本纪念册。

在本书的立项和编辑出版过程中，西安交大校庆办公室给予了大力支持，负责校庆筹备和校史研究工作的西安交大党委副书记宫辉，分管档案馆工作的西安交大副校长王铁军，进行了悉心指导。

本书由档案馆集体完成，其中贾箭鸣承担策划与审定责任；谢立勤主持编写工作，并与杨凌共同负责完成文件、文稿、照片部分的收集、整理与校核；张小亚、洪楠、叶晨露则主要承担了各类名录的收集、整理、比对与著录。鉴于交通大学西迁历时五年，机构和人员变动频繁，名录部分资料不全。编写组在西安、上海之间多次奔波，在校内外反复查询，在档案文献中细心勾稽比对，终于拿出了本书所载较为完整的一份西迁教职工名录，但遗漏或重复之处仍在所难免。如有内容缺失和其他不妥之处，恳请读者批评指正，以便设法弥补。

西迁老同志庄惠祺教授、周森冬教授、张玉璋先生、蔡恩琼先生等，1956 年入学的老校友洪星华教授，已故殷大钧教授、吴有荣教授、蒋大宗教授等西迁前辈的亲属，先后提供一批珍贵图片和资料，弥补了馆藏文献的不足；西安交大出版社高度重视本书的编辑出版，在此一并致以真诚感谢。

交通大学西迁述略
（代前言）

交通大学一八九六年以南洋公学之名创建于上海，曾称南洋大学等校名，一九二一年命名交通大学，为近代中国新学勃兴之嚆矢，杰出科学家和工程师的摇篮。

一九五五年四月，鉴于交通大学的地位和作用，为改善我国高等教育布局，配合工业建设，促进科学技术和文化发展，中央作出交通大学内迁西安的重大决定。是年五月，彭康校长领导下的交通大学校务委员会，正式公布关于实施迁校的决议，全面部署迁校工作，并迅即踏勘和确定西安新校址，于十月开工建设。师生员工并图书设备等，自一九五六年六月起相继启程内迁。九月十日，首批迁来西安的交通大学一二年级全体学生、基础课和技术基础课教师、干部职工共计六千余人，在西安人民大厦举行开学典礼。迁来西安的师生员工踊跃参加建校工作和修建兴庆公园的义务劳动。

一九五七年六月，在周恩来总理主持下，国务院召开交通大学迁校问题专题会议。七月，交通大学的迁校方案根据国内外形势变化，针对西北、沿海地区的建设需要而有所调整，确定交通大学分设西安、上海两个部分，大部分系科专业迁往西安，新的学科专业建在西安，同时仍留一部分力量在上海原址发展。交通大学的西安、上海两个部分实施统一领导。是年八月起，迁校、建校工作进入新高潮。至次年夏，交通大学一九五六年在册教师七百六十七人中，迁来西安的有五百三十七人，而陆续迁西安的各类教职员工（含调爱人员以及上海市动员支援西迁的后勤服务职工等），共计一千四百余人；同时，一九五三、一九五四、一九五五级学生，从上海迁来西安的共计二千二百九十一人，占其总数百分之八十一点一。全校图书资料运至西安的，占其总数百分之七十四。全迁或部分迁至西安的实验室有二十五个，同时新建一批实验室和实习工厂，实验室面积较上海原址扩大三倍。交通大学的主要领导力量和学科队伍、基础设施，大部分迁至西安。

为使交通大学迁校后发挥更大作用，一九五七年秋，高等教育部决定将西安动力学院全部，西北工学院、西北农学院的有关系科并入交通大学西安部分。

一九五九年三月，中央公布第一批共十六所全国重点大学，交通大学的西安、上海两个部分均名列其中。

一九五九年七月，国务院批准将交通大学的西安、上海两个部分，分设为西安交通大学、上海交通大学，于是年九月正式宣布。原交通大学校长兼党委书记彭康，由中央任命为西安交通大学校长兼党委书记。

交通大学西迁出自党和国家的庄严决定，肩负着广大人民群众的殷切期望。在交通大学的迁校进程中，中央宣传部、高等教育部悉心指导，各有关国家部委、陕西省和西安市、上海市，予以大力支持和帮助。陕西省父老乡亲、社会各界热忱欢迎交通大学西迁师生的到来，谆谆勖勉，情热衷肠。迁校、建校工作的顺利进行，迁校后的健康快速发展，得到强有力保证。

交通大学师生员工以国家利益至高无上的信念和情怀，坚决响应党的号召，举校西迁，义无反顾；扎根西部，辛勤耕耘；薪火相传，百折不挠；承前启后，再铸辉煌，表现出开拓奋进的坚强意志，彰示了爱国爱校的大学精神。师生员工以万丈精诚所凝结成的“胸怀大局、无私奉献、弘扬传统、艰苦创业”伟大西迁精神，璀璨夺目，可歌可泣，将世代镌刻在交大人心灵深处，与天地同辉。

西安交通大学

二〇一六年四月谨志

目录

◆ 交通大学西迁的意义、作用和影响

◆ 有关交通大学西迁的重要文件

◆ 交通大学西迁部署和实施方案

◆ 交通大学机构设置与西迁教职工名录

◆ 有关交通大学西迁的媒体报道

◆ 交通大学西迁大事记

◆ 交通大学西迁影存

1955 年:绘制西迁蓝图,投入火热建设

1956 年:西行壮歌连天际,六千师生会古城

1957 年:方案更趋完善,迁校再掀高潮

1958 年:探索两地办学,巩固迁校成果

1959 年:命名西安交大,奔向新的征程

交通大学西迁的意义、作用和影响

在国务院关于交通大学迁校专题会议上的讲话

周恩来

（1957 年 6 月 4 日）

今天到会的有交大、造船学院、南洋工学院，西安的动力学院、建筑学院、西北工学院、航空学院，高教部、教育部、卫生部、一机、二机、电机等部，还有中宣部、二办。交大一个学校问题牵涉到四面八方，这样多的单位，给交大看看，一个问题关系到各个方面，原则是容易确立的，但要结合具体问题，要牵涉到各方面，不是那样容易运转，好像一部机器，鞍钢一个机器坏了，请了许多苏联专家来检查，才找出毛病，停止生产一个多月，减产钢几十万吨，一个机器影响了整个的生产。有时确定的原则虽对，但因准备不够，安排不当或条件不足就要产生新问题，只好重新修正，但要影响很多事，这还是机器，是自然现象。至于教育事业，那是社会现象，是人，还要涉及到许多人事等关系，更复杂，即使安排好了的，有了新情况还要重新安排，这些比方说明问题很复杂，不是青年学生所能理解的，因之要向青年学生讲清楚，要靠大家，向师生说清楚，条件是变的，困难克服了又会产生新困难，有些困难在当时是无法预见的，因为当时有些条件还没有生长，是以后才产生的。在矛盾中求得一时的统一，又产生新矛盾，再求统一，这是前进过程中的规律。交大迁校问题到了国务院这一级，这是个典型问题，可以更深入了解认识一件事物，将来我要向全国人民代表大会交代的。

一、从交大说起。交大问题，瞻前顾后、左顾右盼，四面八方都考虑到。我们来看看，为何产生交大内迁及迁移所发生的问题？迁校是由院系调整而来的，院系调整在 1952 年以前已有了些个别调整，作为一种方针，有计划的调整是从 1952 年开始的，一直到 1955 年都有所调整，院系调整的方针及方案都经政务会议、国务会议讨论过。为什么会产生院系调整这个方针，是由于中国的具体情况而来。中国落后，办高等教育的历史也不过几十年，最早出国留学的也不过 100 多年历史，时间很短。以中国人口来比，中国的高等教育不是很大的，经过学校教育培养出来的知识分子，特别是高级知识分子数目不是很大的。根据共同纲领以及宪法对教育工作的要求，过去旧中国的高等教育底子是不能相适应，也就是上层建筑不适应经济基础的问题。是少了，而需要的多，有许多缺门必须补充，有些专业必须发展。再是过去教育的设置安排也是不能适应新的经济基础的要求，过去是半封建半殖民地，要适应帝国主义的要求，经济发展在沿海，日本在鞍钢也是为了适应日本帝国主义的要求，造成经济的畸形发展，反映在上层建筑的教育的发展也是畸形的。

当然我也不否认，我们有较高水平的工程技术人员和科学家，但为数太少。但是工业的布局、教育的部署是不平衡的，不合理的，假使看不到这些基本情况，就无法理解解放后各项改革的必要性，也不能理解五大运动和三大改造的必要性。

在半封建半殖民地的经济基础上的上层建筑必须改革，否则不能适应于新经济发展的需要。院系调整就是教育上的一种改革。这不是照抄，这一些不仅与资本主义国家不同，与社会主义苏联也不同，苏联革命前是在俄国已经有了资本主义较发达的基础上进行改革的，而我们是半殖民地半封建，需要改革多。我们可以将改革前后的情况比一比，过去是不是畸形的，不适应、不合理的。否则会否定一切，引起思想混乱。我们应将改革的需要肯定下来，当然这个问题大家还可讨论，但政府应该对这一方针表示一下态度。工作中的缺点及主观主义是有的，但不能将整个国家都说成是主观主义，不能否定一切，当时确定的调整是有根据的。

调整的方针是什么？边改造边建设，经济建设的布局，当时的国际形势是这样的。

国际形势：1952 年正是抗美援朝的时期（虽然 1951 年开始谈判），到 1953 年 7 月才停止。1954 年印度支那停战，1954 年秋收复大陈岛。几次美帝要与我们较量，不甘心我们的胜利。从 1950 年开始，国际上是紧张的局势，一直到 1955 年万隆会议后才压倒，1956 年才能对国内外形势做出明确的结论。在这种形势下，不能不考虑国防问题，万一有事要对人民负责。要有部署，何况 1955 年台湾方面还有些紧张。去年尽管发生了匈牙利、埃及事件，但中国未受影响，更可说明战争打不起来。

国内形势：五大运动、三大改造相辅而行，但 1956 年以前还不能肯定社会主义革命何时取得胜利。到 1955 年农村合作化的高潮、公私合营的高潮、手工业合作化的高潮，取得了胜利，因此在 1956 年政协对国内外形势有了结论，有了社会主义革命的基本胜利。

因此在 1956 年以前不能不照顾到两点：国际形势及对旧的弱点的注意，那是方针，工业布局是放在内地，沿海紧缩，工业内迁，交大内迁就是根据西北工业建设的要求和离开国防前线的条件下提出来的。其他方面的有些调整也是这样。

西北过去是落后的，但将来必须成为我国建国的稳固的后方。那里有条件成为乌拉尔，那里有丰富的资源：煤、石油、水力资源、地下资源、有色金属、包头铁矿、稀有金属，这是有利的。但那个地方交通、水陆公路还较落后，地下资源未勘察，机械工业可以说没有，轻工业也很少，这些是不利的条件。地形背靠蒙古、苏联，西北作为我国工业建设的基地，是必然之势，所以第一个五年计划就重视。

以西南比西北，西南也应成为建设重点，资源丰富，有水力资源，尤其是人口多，劳动力多，森林茂盛，比西北好，但是交通条件比西北更差，因此两个地区是同样重要的，但可先搞西北。

西北西南的建设不求外援，不靠沿海先进地区的支援是不可设想的，同时克服畸形发展，向平衡发展，不能不调整、内调，加上沿海国防形势，上海发展得最大，又要疏散，支援内地也是很自然的事。东北解放虽早但发展较迟，过去是殖民地，文化技术落后于上海。上海是半殖民地半封建，高级知识分子较多，技术条件先进，因此从上海调动得多。

根据以上要求，交大西迁是必要的。不仅交大问题，如无线电调整到成都，因为西南是无线电工业基地。不是调整早了，而是调整晚了，注意得晚了。航空也应到内地，现在在东北，将来还要往西北发展。当然也要根据可能，造船学院就不能设在西北，只能设在上海或大连，不能设在内地。所以要根据历史发展和当前形势来看问题。

因此应肯定院系调整积极的作用，这是主要的一方面。当然我不是辩护院系调整一切都弄对了，没有缺点，有安排适当的，也有安排不当的。

过去民主少了一些，我们承认。这次民主，大家会看到民主也不容易，要牵涉那么多单位，大家各有不同的看法，不好下决心。这不是我推，而是要看大家讨论问题确实复杂。院系调整有两种情况，有些错误缺点是难免的。有人不同意“难免”，但难免论是要长期存在的。一个人走一辈子路一时跌个跤是难免的。没看到、没料到就难免，有些事情想得更周全一些，是可以避免的，但不可能什么事情都能预见得准确。院系调整应该做一个总结，可以求得一个公正的结论。如交大西迁，就要办个南洋工学院，以照顾到上海的需要。交大如搬回上海，南洋工学院就不必办了。事情就是这样，分久必合，合久必分。这是矛盾发展，麻烦总是免不了的。有人说交大在去年全搬到了西安，就不会有今年的问题，但两地一半的情况，也绝不是杨秀峰、彭康有意要这样搞的。社会现象与自然现象是一样的，今年科学水平还没有那么高，“难免”还是有的，事先考虑周到些，缺点就少些。事情不要说得太绝对了，将西安说得太好不对，西安究竟不是上海，也不要将上海说得太好而没有困难，交大同仁们要看到回上海有许多困难。

1956年是过渡，是转变的关头。中央对国际国内有利于我国开展全面的建设的形势作了估计后，在5月毛主席在最高国务会议提出十大关系：(1)工农比重；(2)沿海内地，过去重视内地是对的，今后沿海应充分利用，合理发展，便于积累，提高技术；(3)建设与行政开支的比例；(4)个人与集体，精神物质两方面；(5)中央与地方、民主与集中，过去集中多了些，今后扩大民主，有利于建设。

为了更有利于建设，需要重新部署，国家投资多用于工业建设，情况改变，要重新布局，但工作的转变并不容易，逐步来。十大关系解决不是一提出来就能很好解决，不可能180度的转弯，事不同于人，尤其是国家大，转弯也慢，大象转弯总不容易，从思想上转变到组织、工作制度的调整是需要时间的。所以要看到历史原因，社会主义革命时期以及当前历史时期的原因。

二、交大内迁也是处在这样一个转变的关头，所以出了这样一个问题，很难说哪个人“一意孤行”。这是个复杂的问题。将各种原因说清楚后作出估计，才能来说交大问题。交大问题三句话：

1955 年决定交大内迁支援西北建设，照顾国防是必要的，当时也不是没有想到交大内迁的困难。一棵老树，在上海 60 年生了根的大学，而是为了西北需要，为什么不以西北工学院扩充和加强来解决呢？当时设想的工业速度要加快，以西北工学院为主不可能，交大搬去，可以搞得快些。西工不是不可以，而是一个快一个慢。交大搬，困难是大，但既国家需要，就设法克服困难，所以在西北基建搞大些，以满足需要，减少矛盾。因之'55 年决定是对的，服从了需要，但对困难估计不够。

1956 年是可搬可不搬，也可以由交大支援一部分。从十大关系、新形势新安排，可以不搬。但另一种设想，学生已招了 2200 人，留在上海很难，西安校舍已建立，招生任务大。当时不能不这样。3 月取得重大胜利，5 月提出十大关系，6 月就碰到交大问题。工业速度下马是今年才明确的，去年还是设想。去年人大通过的基建投资是 140 亿很大，规模速度改变得并不大，学校已经动员，西北又需要，因而是可搬可不搬。经过商量，但商量得不够广，当时时间仓促，已到 6 月，造船学院又要分出来，仍决定搬，搬了一半。

到 1957 年就造成了程孝刚先生说得很好的"骑虎难下"局势，困难是由国内外、校内外等原因造成，不仅困难且影响很大。先要肯定院系调整这一方针，要确定一切为了社会主义需要的原则。如别的学校都要回老家，动院、航院、船院、成都电讯工程学院，大家都要回老家，如果我们从那里来回那里去，那就要回到半殖民地半封建，就不可能有新中国，建设社会主义。那不可能。已经走到现阶段就不能否定一切。大家是爱国的，不会这样做。

院系调整的缺点要克服，但不能否定院系调整正确的方针。即使主张迁回，也要照顾到大局。据说西安交大的学生到动院劝说搬回去，这是闹风潮。交大查一查，这样波动全面，就要破坏已获成绩。今后还会有必要的调整，但根据取得了的经验，会更加慎重，使毛病少些，尽可能少些，做得好一些。

交大问题如何解决？

着眼点也要根据一切问题有利于社会主义建设，一切还是为了更好地动员力量为建设社会主义服务，变消极因素为积极因素。交大问题时刻不能脱离这一原则。

大的不外两个方针：

1. 坚持搬西安，少数不能去的不勉强。要有多数人去，交大的老底子还保存，但是有缺点，交大与校外结合的条件不好，又有西工、动力学院，多了一些。但将来还可以，西北是欢迎的，看远一点还是有利的。不是西北容不下一个交大，西安党政领导对交大照顾得很好，当然比上海条件还是不如，照顾得已使别的学校红眼了。西北是殷切需要交大的，大西北包括山西、河南等7个省区，西安是中心。

'55年决定迁校是根据人大决议，按计划办事，是为了建设工业基地，'56年也未取消，要求如能搬去是好的，因为西北是发展的地区，第一个五年计划决定建立包钢、武钢为中心，建立华北、西北、华中新工业基地。

第二个五年计划工业速度放缓，但西北工业基地并未取消，因此交大内迁还不能说不需要。

如铁道全国新线5000公里，西北占2500公里，占一半；复线有京汉、陇海、大同与西安线；西北宝成电气机车。二连线内燃机车；三种机车都有，别处没有；将来大修理厂也在内地。

如动力方面，全国工业企业限额以上813个，西北224个，占27.6%；投资，工业企业总额为355亿，西北113亿，占总数三分之一。

如钢厂：包钢、太原钢厂扩建，兰州炼油，洛阳拖拉机。

洛阳拖拉机、矿山机械、轴承；兰州有石油；太原有重型机械；西安飞机配件厂；包头坦克发动机厂，大水电站、热电站有59个。

这些都说明西北工业发展的前途是广阔的，下马而要改变的是规模，不要那么大速度，不能那么快，不是取消基地，也不是过去几年无成就。所以交大留在西北还不是不需要，当然工作关系，还须做很多工作。

当然，不能说西北一切都好，困难还是很多的：

第一，作为工业基地，劳动力不如华东，也不如西南，这是主要缺点。内迁人口是有困难的，生活、风俗习惯，安土重迁是自然的。除了搞革命要背井离乡外，是不容易搬动的，何况交大是学术机关。

第二，森林少，沙漠多，对建设不利，不如西南。

第三，水利少，水土保存困难，如新疆水少，沙漠又南移，是很不利的条件。

所以要向自然作斗争，这是我们光荣和长期的任务。

艰苦奋斗中锻炼我们。程孝刚先生谈交大有"安土重迁"的传统，那搬一下也有好处。每一学校都有好传统，但也有弱点，可以变一变。东南文化高一些——我也是东南人，但有些保守。有人说交大是"骄傲自大"，有长处，也有缺点，内地觉得我们东南人不好安排。弱点要看到，值得交大警惕。因此，如果能到西北锻炼是很有好处的。西北是中华民族发源地，林老常说："中国革命起源于东南，成功于西北"。不要(仅仅从艰苦条件出发)那样看西北，条件太舒服是不能锻炼培养青年的，应该是经得起风霜。西北是苦，不仅有风，而且有大风，引导青年克服困难，应该是求之不得。柴达木盆地去工作的都是东南去的，他们都很好，很愉快。要敢于向学生讲这些话。因此交大已到西安的8000多学生、职工及家属经了一年风霜是好的。

今年交大毕业800多人，其中也有二批要响应国家号召，服从国家分配，到西北去到艰苦的地方去。如果有少数人不愿去，当然也可坚持个人自由，国家就有不管你的自由。一切都听由你的，就不是社会主义国家，而是无政府主义的国家。资本主义是美其名"自由"，实际上你只能按照它的意思走，需要的你来，否则饿死也不管。今年毕业生已经多了，可以去搞些紧张和艰苦工作。

现在上海余下来的一千多学生、几百位教职工如能动员去西安，为什么不好呢？假如去年将交大问题提到国务院讨论，也可能不搬，而今年事实上已成为骑虎难下。为何不骑上虎跑一下？因此如果大家能接受，我并不放弃全搬的可能。如去西北有困难的，如老教师虽然体弱的不能去，但不能去的可以不去，有时去讲讲学。

西安与工业配合也不够，长远打算是有发展，眼前是留上海有利，当前迁西安是有很多的困难，但是可以逐步改善，主要还是不愿去的太多了。如果有很多老教师不能去，又不能太勉强，以致影响教学、影响质量就不好，那就对工作不利。如尽一切力量说服也想不通，仍不能解决，硬搬过去，与当地土壤接不起来，大树死掉，就是个损失。

这些道理必须向全体师生讲清楚，如果仍然说不服，我们考虑第二方案。

2. 不可能说服搬回上海的方针，还有三个方案，最高的，中等的，最低的。

为什么可以考虑搬回上海这一方针。

因为不好太勉强。新的形势，沿海与内地兼顾，上海也还有需要。交大在上海六十年，与社会关系密切，教学工作、科研工作有好处。当然交大不回上海，上海也跨不了。还有南洋工学院毕业生也可以分到上海。

第一主要是由于交大搬不动，且主要在教师而不在学生（学生有入学、退学的自由），不愿去的占了多数。

第二是形势也许可，所以可以回去，也有有利的方面。回去的方针，也是需要。但是回去仍然要和支援西北结合考虑，回去也有三个方案。为什么要三个方案，因为交大 8000 人已到西安一年，已和西北人民发生了历史的关系，因此即使回上海，必须以最大的可能支援西北。不能不为西北想，支援西北，交大要尽责任，否则无以对西北人民。交大的六位代表也如此说。

（1）第一方案，高的方案，多留些专业在西安，使西北有所帮助。我设想一种是新的专业：热能动力装置（有 169 个学生），高压工程（已有一年级），无线电（一年级），应用数学（今年招生）。以上学生 322 人，教师 35 人。

电子计算机、自动控制、应用物理、工程力学。教师要在上海准备。

是否还可设想其他专业调西北，运起系五个专业有无此可能？程孝刚老师主张有条件搬的，也可能所属五个专业的老师不一定愿意去。据说可能性不大，不能勉强。

是否其他专业有可能，请交大考虑。

（2）第二方案，低的方案。

全部回去，一个不留。这恐怕不好，交大师生也于心不忍，也不好的。西北方面那样欢迎你们，完全回去，一个不留，是不利的，这要向师生们讲清楚。

（3）第三方案，折中方案。

高的方案做不到，低的不可取，也可考虑折中方案。

向师生进行动员，愿留西安的可留西安，一年级学生可转专业，二年级学生也可，22 个专业，有与西工、动力相同的，教师也是一样。电机制造愿留的也可以。分一部分，或转一部分，对支援西北有很大好处。

总之，交大即便走了以后，使西北人民感到交大来一趟，对西北人民还是有好处。

这样对全国人民的团结有利，对交大也有利，虽然走了，也照顾各方，要从团结出发，不要对立，现在情况不大好。

今后还要与西北各校合作，而不是造成对立，对其他学校也可减少不利影响。

我相信道理讲清，会有些人愿去。

如果采取最低方案，必须讲清楚回去以后困难极多，困难重重。

首先和造船学院有矛盾，造船外迁当然有困难。其次南洋要合，也要征求南洋同意，当然困难是少些。交大全回去，人多摆不下，今年不招生也解决不了问题。今年是应招生的，几千人回去，绝不是短期能就绪的。上海有欢迎的一面，也有有意见的一面，学生感到上海好，回去以后会感到许多问题不如西安。

双方利弊必须讲清楚，在讨论时因为范围小，对回上海利的方面谈得多，不利的方面提得少；西北困难说得多，有利方面说得少。

大家要想到搬回有困难就好。交大在西北发展前途大，如回上海发展有局限性，前途有影响，最大规模 6000 人（包括研究生），上海不能大基建，这是国家方针，交大要受到限制，上海工业协作的配合也有局限性，上海新工业不会有大发展，不如西北。但一个大学搞四五千人也好，交大可以着重提高、求精。将来交大要提出很多过高要求是达不到的。

因此基建投资不可能太多，当然有修修补补的问题。

与造船学院也要统筹兼顾，有安排。

当然交大可以着重提高质量，这一点必须讲清楚。问题提到国务院来了，我不能不把问题全面讲清楚。由交大自己讨论，决定后再报高等教育部批准。

再是，交大与校外的关系，我们是社会主义的学校，是个集体，到处有内外关系，特别是交大一举一动，都会有很大影响，联系到各个学校，交大同仁一言一行必须顾全大局，一切应从团结出发。西北的动院、航院、建院，上海的造船、南洋有直接关系，全国影响到院系调整的学校重庆医学院、大连海运学院、成都电讯学院。学生有家庭关系、社会关系，必须照顾恰当。我们是集体主义者，要照顾恰当，必须从全面着想，要使国家利益与个人利益一致，提请先生们注意。

反过来，如交大迁回上海（也不是完全无道理），要求其他学校也应以协作精神来对待，即使交大回去，其他学校也应安定下来。航院、无线电学院要闹大风潮，不要这样对立搞，不能用一个方案办事。如航院，南京已有一个，将来航空基地在西北，不能在东南办。所搞无线电也是必要的，将无线电重心放在成都是肯定的，不能放在上海，如放在上海，只能成为广播电台中心，也只能对太平洋。而无线电又搞迟了，必须抓紧搞，骨干师资必须加强，其他学校有人应调动，交大也是一样，包括交大的力量，必须支援。

我的话讲到这里。问题摆在大家面前，高等教育部亲自到上海、西安去向大家讲清楚，先向教师讲，再向学生宣布，然后报部批准。

杨部长到上海，刘副部长到西安。

杨部长要我下决心，问题很复杂，决心不好下，还是请大家再考虑。对于这样一个个复杂问题不能不如此，不是要你们为难，我是不偏于哪一个意见的，目的是要交大搞好。

总的原则是求得合理安排，支援西北方针不能变。

（西安交通大学档案馆馆藏档案 1957 年 002——045－060）

关于处理交通大学迁校问题和上海、西安几所工科院校调整工作的报告

杨秀峰

（1957年8月19日）

一、工作情况总述

根据6月4日总理指示，我到上海，刘皑风副部长到西安解决交通大学迁校问题和两地工科院校专业的统一安排问题。从6月7日到8月6日先后在上海、西安工作61天。交通大学迁校问题和两地工科院校的统一合理安排都是在征得了第一机械工业部、第二机械工业部、电机制造部、电力工业部、纺织工业部和煤炭工业部等有关部门的同意，并且在当地党委和政府大力帮助下进行的。第二机械工业部和电力工业部都派了负责同志共同工作。

处理交通大学迁校问题，是根据总理指示的既要明确支援西北的方针又要实事求是地考虑到“四面八方”的关系问题，启发自觉自愿，不要太勉强等原则，该校师生员工经过广泛深入的讨论，校务委员会最后决定采取分设上海、西安两地统一领导的方案。

上述方案确定后，是根据总理指示，为减少上海、西安两地工科院校专业设置的重复浪费，对两地几所工科院校作了调整和安排。上海方面，把南洋工学院并入交通大学，上海造船学院和交通大学合并，统一由交通大学领导，仍保留上海造船学院的校名。在西安方面，把西安航空学院和西北工学院合并，筹组西北工业大学（综合性的军事工业大学），以适应西北地区国防工业建设的需要；另外，将西安动力学院、西北工学院的采矿系、纺械系和西北农学院的水利土壤改良专业并入交通大学（水利土壤改良专业因是工科性与河川结构专业相近，目前西北农学院因条件限制，办下去有困难，因而调入交大，仍与西北农学院密切联系合

作）。这些安排也都经过有关学校教职员工广泛讨论，院务委员会也讨论通过，作出决议。

上述方案讨论中，在南洋工学院、西安动力学院、西安航空学院，均很快获得通过，在交通大学、上海造船学院和西北工学院则问题较多，费时较久。

二、关于交通大学迁校问题

1. 今年四、五月间，交通大学师生员工对迁校问题曾经讨论过，讨论的情况不很正常，赞成迁校的意见未能充分发表。交通大学校务委员会曾经作了“多数人不赞成迁校”的结论。西安建校工作和上海迁校的准备工作都停顿下来，该校的上海、西安两地不少教师已作了不迁校或迁回上海的准备。

2. 在京开会，总理6月4日作了交大迁校问题的指示后，分别在两地（以上海为主）传达，重新展开讨论。历时约一个月，绝大多数教师认为总理讲话很全面、客观，认为总理将交大迁校问题交给交大自己讨论是对交大师生员工很大的信任，也是对交大师生们政治上的考验。在党的领导下，一般都能认真负责地反复衡量迁与不迁的利弊。在讨论过程中，除顾虑西安条件差会降低教学质量外，部分人曾经有否定支援西北的必要性，否定院系调整，提出“反对分裂削弱交大”等等不正确的言论。经过了反复地解释和讨论，经过教师们严重的思想斗争，加上社会舆论的支持，部分人的顾虑逐渐减少，不正确言论受到批判，在大多数人中间，关于交大支援西北工业基地是社会主义工业建设布局中文教事业部署的合理原则得到肯定。但赞成全部迁往西安的主要是年青教师，教授、副教授虽然大多数赞成支援西北，但因各种原因仍约有一半以上不能去西安或不能长期在西安。根据以上情况，为保持交大的团结，根据大家自觉自愿的原则（总理一再指示的），又考虑到在新的形势下上海工业对该校也有需要，交大党委会为适当解决矛盾问题，提出了交通大学分设两地统一领导的方案。这个方案提到校委会的常委面前，一致认为可行，交到群众中讨论时，很快得到绝大多数教师、职工的拥护。6月25日校常委会通过方案原则，并起草具体实施办法，7月1日（编者注：应为6月30日）在有主要教师和职工学生代表参加的一百多人的校务委员会扩大会议上，获得了绝大多数人的同意。

3.这个方案的主要内容是：(1)动力机械系全迁西安，新专业设在西安；其他机械制造系、电机制造系、电力工程系等系的专业分设两地；起重运输机械系留在上海；(2)保证两地教学质量；(3)下学期三年级留在西安上课(运输起重系回上海)，图书、设备尽先满足西安部分的需要；(4)教师调配原则是长期去西安任教的以自愿为原则，短期教课的由学校根据实际需要进行调配。这样办，比较恰当地解决了主要矛盾问题，照顾到了上海西安两地的需要，减轻了搬迁的困难。交通大学的主要力量将于一、二年内移到西安，上海部分除运输起重系和造船学院、南洋工学院并入的专业外，从一年级办起。

三、上海造船学院问题

关于上海造船学院和交大合并，曾经过一些周折。主要问题在于许多教师怕并入交大后不被重视，影响造船事业干部的培养工作，且不同意该院刚建又并。为了照顾与适当解决这方面的顾虑与问题，决定保留上海造船学院校名，但行政上统一由交通大学领导。机械、电机两系与基础课、基础技术课教研组完全与交大的合并起来；对造船专业则在交通大学内设个专管造船专业教学工作的小院部，便于加强这方面教学工作的领导。造船专业所需专业设备经费由高教部在批拨交通大学经费时注明款额。这样解决既达到了集中力量减少专业重复浪费的目的，又照顾了当前的实际情况，合并工作在进行中。

四、西北工学院与西安航空学院合组西北工业大学问题

西北工学院是一所有 20 年历史的学校，以往在培养干部工作中有一定成绩，在西北地区有声誉。解放后根据国家需要，在过去院系调整中曾调出了几个系、组，1955 年改为军工学院，除原来的机械制造专业和基础课、基础技术课力量外，其他水利、发电、土木、建筑等专业已调整到外校和新办学校，采矿、纺织两系亦拟调出。今年军事工业方面常规武器制造工业速度放慢，引起培干任务的减缩，西工新设的一、二系没有必要办下去了。这样就给西工的发展造成困难。

为了解决上述困难，高教部、第二机械部和学校负责人考虑过许多方案，总不能使各方面满意。考虑的主要问题是如何根据新的情况(高教发展情况)使西北工学院能够稳定、方向明确，能够办好。

我们在西安一个月的工作中，曾根据交通大学分设两地的情况，同

该院负责同志先后研究了6个不同的西工专业设置的方案。办大些同交大的专业重复过多，就培干要求讲，许多是不需要的，因而也就不能稳定、发展；小办的方案不能发挥某些专业的师资力量，不易被西北工学院教师所接受。单办下去有困难，不得不考虑同他校合并的方案。

合并的方案中，如西北工学院、西安动力学院合并，专业和交大重复过多，很不经济；整个西北工学院和西安航空学院合组西北工业大学，专业性质不同，既有军工又有"民工"，不好领导；该院许多教师也不同意。最后经过该校全体教职员讨论选择了现在的军工性质的西北工业大学的方案，而将采矿、地质、纺织等专业调到交通大学。现行西北工业大学方案的好处是：可以适应西北军事工业发展的需要，又照顾了地方工业发展的需要；避免了专业过分重复，集中力量，有利于提高质量；各校方向明确，比较稳定。西北工学院的党委和全体教职员工在慎重的讨论中，从国家全面利益出发，一致采取了这个切实可行的办法，院委会一致通过了决议。西安航空学院教师经过几天的反复讨论，党委和院委会一致作出了同意此方案的决议。他们并希望南京航空学院也合并到西安来，以增强力量。

五、交通大学上海部分，交通大学西安部分和西北工业大学的专业设置

交通大学上海部分设置：机械制造工艺、金属压力加工及机器、金属学及处理车间设备、铸造工艺及机器、焊接工艺及设备、热力机械、起重运输机械及设备、车辆制造、热力机车制造、电气机车制造、电机与电器、电气绝缘与电缆技术、发电厂电力网及电力系统、船舶制造、船舶蒸汽发动机及装置、船舶内燃发动机及装置、船舶电气设备、造船工业经济与组织等18个专业(是否设电气仪表专业正和电机部、学校接洽中)。

交通大学西安部分设置：机械制造工艺、金属压力加工及机器、金属学及热处理车间设备、铸造工艺及机器、焊接工艺及设备、锅炉制造、涡轮机制造、内燃机、冷却机和压缩机及其装置、热能动力装置、发电厂电力网及电力系统、工业企业电气化、高电压技术、电机与电器、电气绝缘与电缆技术、无线电、工程力学、应用数学、河川结构及水电站的水工建筑、水利土壤改良、纤维材料机械工学、矿区开采、矿产地质及勘探等23个专业。以后根据可能条件增设理科和新技术专业。

西北工业大学设置：机械制造工艺、金属压力加工及机器、金属学及

热处理车间设备、铸造工艺及机器、焊接工艺及设备、飞机设计、气机工艺、发动机设计、发动机工艺、直升飞机、鱼雷、水雷、数学力学、基本有机合成等 14 个专业。以后根据需要和可能增设无线电等专业。西北工业大学的 4 个热加工专业明确为航空工业培养干部，以有色金属加工为主。

六、调整后的好处

交通大学分设两地以及两地工科学校的调整与专业安排，综合起来有以下几个好处：

1. 支援了西北工业建设也照顾了上海的需要。

2. 西北地区是我们国家工业建设的重点地区，尤其是军事工业的基地，西北工业大学可以着重结合军事工业发展的需要；交通大学西安部分可以适应西北地区一般重工业发展的需要。

3. 水利、纺织、地质、采矿等专业是西北地区地方工业、农业所必需，陕西省极为重视，并入交大，在专业结合条件上也较好。

4. 以上安排，加上已经成立的西安建筑工程学院就可以组成比较完整的高等工业教育基础，今后可以在这个基础上根据工业发展的需要，逐步增设专业。特别值得指出的是：这次安排迅速补足了西北工业所急需的电机与电器制造和绝缘材料制造方面的专业。

5. 两地工科院校的调整安排，减少专业重复，减少浪费，集中干部、师资、设备力量，有利于提高教学质量，有利于科学研究工作。

如上海地区有关三所学校合成一所学校；西安有关四所学校并为两所，总的算起来是收缩了 3 所，减少了重复专业 12 个，这就减少了几套基础课、基础技术课的实验设备和几套重复的专业实验设备，大大节约了设备费用。学校合并后基建经费也可减少，这就有可能抽出力量装备急需的图书和实验设备，盖些急需的图书馆。

几校合并后师资力量集中了，首先是基础课、基础技术课教研组加强了，这为今后提高质量打下基础，有些理科专业的生长也更快了。专业课师资也得到加强。

特别要指出的，党团工作人员、领导干部和一般干部调整合并后，经过适当安排，可以大大得到加强。还有多余的力量可以抽出加强其他学校。

综合起来看，经过这次调整安排，有可能办好两地几所工科院校，可以更好地适应西北和上海地区工业建设的需要。

七、认真贯彻执行这个方案

交通大学上海部分和西安部分都已同有关学校组成合作委员会，正在紧张地进行并校工作和安排下学期的教学工作。西北工业大学经国务院批准后由西安航空学院和西北工学院共同组成筹备委员会。在这些工作中有以下问题应该注意抓紧解决：

1. 交通大学两地教师的调配问题。要切实保证西安部分的教学质量和争取西安部分教师的稳定。在这一方面，学校除了继续进行思想教育工作外，还需要根据校委会决议定出一定的调配原则和纪律，贯彻执行。

2. 做好并校工作，注意团结教育。几校合并，工作繁重，时间短促，如何动员力量在9月开学前做好开学工作是很艰巨的任务。

学校合并中和合并以后，都要十分注意做好团结工作，对学生、教师、干部都要反复进行团结教育，结合反右派的斗争，大力进行社会主义思想教育。

3. 交通大学分设两地和几个学校合并起来，给学校带来一些新的困难和问题，这些问题的顺利解决，需要有关领导部门加强领导，给予必要的支持。从学校讲，在工作安排上，根据勤俭办学的原则办事；在行政人事安排上，既要注意团结，又要注意精干，防止贪多图大。努力在较短的时期内把学校秩序稳定下来，踏实稳定前进，提高教学质量。

4. 交通大学迁校和上海、西安两地工科院校的合理调整工作，得以较为顺利地解决，关键在于全国范围的社会主义思想教育运动，提高了人们的思想觉悟，在于党的正确领导，方针明确。如总理所指示支援西北，合理部署，同时照顾四面八方的关系，启发人们自觉，不太勉强的原则。在具体执行上，省市党委大力领导帮助，学校党委能够深入工作，正确地发扬了民主。

这次工作给我们的深刻教育是：必须依靠党的领导，依靠思想工作，才能较好地来完成任务，业务脱离政治，单靠行政命令虽可能把事办成，但不会真正办好。

（此系高等教育部部长、党组书记杨秀峰向国务院呈送的报告
西安交通大学档案馆馆藏档案1955年永久12——23-23）

扎根西北，办好社会主义的西安交通大学

——在西安交通大学建校85周年暨迁校25周年纪念大会上的讲话

蒋南翔

（1981年4月9日）

今天，西安交通大学隆重集会，举行建校85周年和迁校25周年校庆典礼。请允许我代表教育部，向西安交通大学全体师生员工表示热烈的祝贺！向从社会主义建设各条战线上返回母校的校友们表示热烈的祝贺！

西安交通大学的前身是南洋公学，建立于1896年，1921年改名为交通大学，是我国创办最早的理工科大学之一。在半封建半殖民地的旧中国，交通大学经历了半个多世纪的艰难岁月，前后培养了五千多名毕业生。其中许多人已经成为国内外知名的学者或工程师，也有不少人早年就走上了革命的道路，对我国的人民革命事业作出了贡献。老交大一向以入学水平高，教学要求严，基础打得扎实而闻名中外。这所历史悠久的大学，对于我国高等教育事业的发展和工程技术人才的培养，曾有重要的贡献。这是举国皆知的。

新中国成立后，经过院系调整，交通大学成为一所新型的社会主义大学，开始了新的历史发展阶段。1953年，我国进入了社会主义建设时期，西北地区成了我国工业开发的重点和国防建设的重要基地。西北要大力建设，建设要大批人才。为了适应这种形势的需要，根据国务院的决定，交通大学大部分系科于1956年迁来西安。1959年，经国务院批准，交通大学的西安、上海两部分，分别独立建校。从老交大到新交大——新的西安和上海两个交大，不但是量的发展，而且是质的飞跃。新交大不仅汲取了老交大认真办学的好经验，而且树立了明确的又红又

专的培养目标，创造了为祖国社会主义服务的更重要的新经验。

今天，我们不仅纪念交通大学建校85周年，而且庆祝迁校25周年。历史说明，1956年国务院决定交通大学迁到西安，支援内地社会主义建设，是完全正确的。敬爱的周总理亲自领导这次迁校的战略措施是成功的。现在，西安交通大学已经在祖国西北立下了牢固的根基，成为西北地区培养高级技术人才和开展科学研究的重要基地之一。交大迁校25周年来，已培养学生两万九千多人，为解放前老交大53年毕业生总数的四倍，其中有六千多名毕业生，包括820多名少数民族学生，参加了西北地区的建设。学校通过参加科学研究，同工厂建立经常联系，举办技术人员进修班，派出人员担任技术顾问及支援新建高等学校等方式，在社会主义现代化的建设，特别是大西北的开发和建设中，发挥了重大作用。这是交大师生向更广阔的建设领域进军，是交大校史上从来没有过的创举，值得大书特书。迁校以来，西安交大本身的建设也有重大的发展。比起迁校初期，学校设置的专业增加了一倍，教师增长了四倍，实验室扩充了22个，图书增加了四倍。迁校后25年的发展，大大超过了解放前的53年。事实充分说明，西安交大的迁校是我国在调整高等教育战略布局方面的一个成功范例。西安交大的建设和发展，促进了我国大西北的经济建设和文化建设，对于实现祖国社会主义现代化，具有重要意义。

西安交大迁校后25年来的成绩，是与党和人民政府的关怀、领导分不开的，是与西安交大全体师生员工的努力分不开的。1956年，广大教师、干部和工人毅然放弃上海较好的生活、工作条件，积极响应党和政府的号召，来到生活条件比较艰苦的西北。这是具有高度爱国主义精神和社会主义觉悟的表现。许多同志25年如一日，兢兢业业，艰苦奋斗。他们虽曾遭受“四人帮”反革命集团的残酷迫害，但仍坚贞不屈、正气凛然，坚守岗位、顽强战斗。这种以革命利益为重，不惜牺牲个人利益的同志，是受到人民尊重的。在这里，我想应当向年逾八旬的钟兆琳老教授表示敬意！他是我国知名的电机专家，在交通大学任教50多年，在西安交大迁校之初，他起了积极的带头作用；最近他在重病之后，仍毅然回到西安，继续与全校师生员工一同艰苦奋斗。这种热爱祖国教育事业，以校为家的精神，不但使西安交大的同志，而且使全国教育界，都深为钦佩！我们对西安交通大学的老校长彭康同志十分怀念。他是我国大革命时代参加革命的老党员，解放初期任华东局宣传部长兼交通大学校长。国务院决定迁校后，他主动要求到西北来。14年如一日，他为擘划和建设西安交通大学呕心沥血。他曾一再表示，要在西北扎下根来，愿尽毕生之力办好西安交通大学。可惜他在“文化大革命”中惨遭迫害而去世。现在当我们漫步西安交大整洁美丽的校园、看到西安交大巍峨的校舍和蓬勃发展的景象，就不禁要联想到彭康同志带领全校同志创业的艰巨。彭康同志忠诚和热爱无产阶级教育事业的高尚品德和他在西安交大留下的光辉业绩，值得西安交大同志和全国教育工作者纪念和学习。

同其他高等学校一样，西安交大多年来经过全体师生员工的辛勤劳动，大学本科质量不断提高，曾经达到我国历史上的最高水平。我国高等学校向社会输送一届又一届的毕业生，绝大多数都在各自工作岗位上发挥了积极作用。应该说，我国的高等教育在建国以来的大部分时间里是获得了大面积丰收的，这一点，是旧中国或其他资本主义国家无法比拟的。在我国几百万大学毕业生中，肯定蕴藏着很多优秀人才，他们只要有一试身手的机会，就会脱颖而出，崭露头角。西安交大50年代的毕业生，孟庆集和杨延篪两同志，难道不就是大家公认的又红又专的优秀人才吗？孟庆集同志以他自己的学识，在国际谈判中为祖国争取了荣誉，保护了国家的权益，博得了国内外同行的赞佩。杨延篪同志不图安逸生活的享受，谢绝了香港亲友的劝说和挽留，坚决返回母校，为祖国的建设事业艰苦奋斗，并在教学和科学研究方面做出了显著成绩。他们在政治上热爱社会主义祖国，在业务上有深湛的造诣，是当之无愧的社会主义的优秀人才，是又红又专的新一代。事实上无论在西安交大，或在全国其他许多大学，都有大批像孟庆集、杨延篪同志这样的优秀人才。

没有疑问，我国的高等教育事业有着这样或那样的缺点和弊端，也犯过严重的“左”的错误，我们必须积极地稳步地进行整顿和改革。但是，我国高等教育的社会主义方向是正确的，成绩是主要的，这一点必须明确肯定，不能动摇，不能丧失民族自信心。只要我们从中国的国情和学校的实际条件出发，认真总结我们自己的历史经验，实事求是地肯定和发扬成绩，改正和克服缺点、错误，吸取前人和外国一切对我们有益的东西，洋为中用，古为今用，经过一段努力，我们就可以不断提高我国大学的教育质量和科学水平，逐步做到主要依靠本国所培养的又红又专的优秀人才，出色地担当起四化建设的任务。我们要正确地发展社会主义教育，绝不能忘记党的领导和社会主义道路这个根本前提，这是首要的和决定一切的因素。

最后，让我祝愿西安交大的同志们在党的领导下，坚持四项基本原则，沿着社会主义道路前进，把学校办成既是教育中心，又是科研中心，扎根西北，办好社会主义的西安交通大学，为祖国培养出更多的又红又专的优秀人才，为建设现代化的社会主义强国作出更大的贡献。

蒋南翔时任教育部部长

在西安交大建校100周年暨迁校40周年纪念大会上的书面讲话

陆定一

（1996年4月8日）

母校交通大学迎来了百周年诞辰，至感欣慰，衷心祝贺！年纪大了，不能来校参加庆典，与同志们、同学们相聚，但心与大家是在一起的。我祝校庆取得圆满成功。

交通大学的一百年，跨越了两个世纪，经过了不同的时代，发展到今天这样的局面，很不容易。交通大学的建立，在于中国需要人才，需要先进的科学技术。交通大学承担重任，不负厚望，办出了特色，形成了好的传统，称得起名师云集，学子向往，造就人才以十数万计。交大学生受良好风气熏陶，勤奋求知，毕业后在经济建设和各条战线发挥重要作用，对国家是有重大贡献的，这也是母校的光荣。

我毕业离校，投身革命工作，已届七十年。十年前有机会回校，亲眼看到迁校后的变化。同志们在西北黄土高原上艰苦奋斗，这是交大传统与延安精神的结合，值得提倡。现在，又经过国家特别重点建设，以及在校师生员工的努力，学校事业蒸蒸日上，很有生气，好消息很多，每次听到，都十分高兴。愿同志们保持和发扬这样一种劲头，这样一种气势，这样一种精神。我深信，交大的兴盛，更大的发展，尚在未来；交大对国家建设，对教育和科学技术进步，必将作出更大贡献。通过一百周年校庆，总结经验，发扬传统，齐心协力，继往开来。于新纪元，创造新成绩。

陆定一时任中顾委常委、全国政协副主席、西安交大校务委员会主任

在西安交大建校100周年暨迁校40周年纪念大会上的讲话

程安东

（1996年4月8日）

今天，我们在这里隆重纪念交通大学建校100周年暨迁校40周年。首先，请允许我代表省委、省人大、省政府、省政协，向交大的全体师生员工和历届校友，表示热烈的祝贺和亲切的慰问！向来自全国各地的嘉宾，以及远道而来的海外朋友，表示热烈的欢迎和良好的祝愿！

交通大学是我国创建最早的高等学府之一，堪称中华民族的骄傲。建校100年来，为祖国培养了一批又一批人才，可谓“桃李满天下，学子遍神州”。交通大学西迁以来，深深扎根于陕西这块土地，辛勤耕耘，艰苦奋斗，创立了辉煌的业绩，既造就了数以万计的优秀人才，又创造出丰富的办学经验和一流的科研成果，现在已成为国家教育工程中重点建设的5所大学之一，是第一批进入“211工程”的大学之一。在当前实施科教兴国战略的伟大事业中，西安交大正发挥着日益重要的作用。我们对西安交大改革和建设的成就，感到由衷的喜悦；对西安交大未来的发展，充满百倍的信心。

陕西人民对西安交大怀有非常深厚的感情。我们永远不会忘记，40年前，交大师生在老校长彭康的带领下，满怀豪情，从繁华的上海来到大西北，艰苦创业，无私奉献。许多可敬的老教授、老前辈，把自己最宝贵的青春年华和毕生的心血，都献给了大西北的教育和科技事业。交大迁校以来的六七万毕业生中，有三分之一以上扎根大西北，为西北地区特别是陕西的建设奉献出聪明才智，成为各条战线的中坚力量。西安交大数以百计的科研成果在三秦大地得到广泛应用，促进了陕西经济和科技事业的发展。西安交大在深化教育改革、促进精神文明建设等方面所创造出的新鲜经验，也使陕西受益匪浅。交大在西安，这是我们陕西的光荣和骄傲。省委、省政府将一如既往，全力支持交大的改革和发展，与国家教委一起，齐心协力共同办好交大，并以此推动我省教育事业的发展。

同志们、老师们、同学们！我们正在向21世纪迈进，世纪之交蕴含着人类经济和社会发展的宝贵机遇。当今世界各国，以经济和科技为基础的综合国力竞争日趋激烈。这种竞争是国民素质的竞争，人才数量和质量的竞争，说到底是教育的竞争。今后15年，是我国社会主义现代化建设承前继后、继往开来的关键时刻，也是我们努力缩小东西部差距，实现陕西经济腾飞的关键时刻。在这一新的历史阶段，我们对西安交大寄予厚望。我们深信，具有光荣传统和百年办学经验的西安交大，一定能够肩负起自己的历史使命，开拓进取，再创辉煌，为我国教育和科学事业的发展与繁荣，为祖国的现代化建设事业和陕西的发展，作出新的、更大的贡献！

程安东时任陕西省人民政府省长

《交通大学西迁回忆录》序

陈至立

（2001 年 3 月 26 日）

新世纪的起始年，西安交通大学迎来了建校 105 周年、迁校 45 周年、合校 1 周年这个值得纪念的日子。值此喜庆之日，谨向西安交通大学全体师生员工致以节日的祝贺！

西安交通大学作为我国创办最早、国内著名、国际有一定影响的高等学府之一，105 年以来，尤其是西迁 45 年来，在党和政府的关怀支持下，通过“七五”以来国家重点支持建设和西安交大人的不懈奋斗，西安交大已成为国家规模大、培养高层次人才和从事科学研究、成果转化的重要基地之一，为国家特别是为我国西部培养了大批杰出、优秀的各类人才，可谓桃李天下、栋梁辈出，为我国的社会经济、科技教育事业作出了重要贡献，成为我国高等教育事业发展和调整战略布局的成功范例。

45 年前，根据国家经济发展战略的需要，在周恩来总理的亲自主持、亲切关怀下，在彭康校长的率领下，一大批交大的优秀儿女，怀四方之志，毅然放弃了上海舒适的生活、工作和学习条件，响应党的号召，西迁来到了大西北，扎根于黄土高原，成为西部开发的先行者。今天，当年西迁时的许多老同志有的已永远长眠在黄土高原，有的已年迈多病，有的依然辛勤耕耘……他们以自己无悔的青春年华投身于西部的开发与建设，投身于中国的高等教育事业，为西部的社会进步、经济发展，尤其为教育事业作出了不可磨灭的贡献。

借校庆之际，西安交大组织编撰的这部《西迁回忆录》，就是以许多老一代西安交大人的亲身经历和耳闻目睹，为我们展现了那个时代交大人，尤其是老一代交大人服从大局、追求真理、勤奋踏实、乐于牺牲、无私奉献、艰苦奋斗、开拓创业、无怨无悔的如歌的岁月，讲述了西安交大人对于母校、师长、同事、学友的悠远难忘的情怀……这其中蕴含着西安交大人的“西迁精神”，它不仅是西安交大，也是我国高等教育事业一笔宝贵的精神财富。这一宝贵的精神财富在实施西部大开发的今天，有着特殊的意义。

回忆过去，西安交大有过创业的艰苦和事业辉煌的历史；看今天，西安交大已是一所具有理工特色、涵盖理、工、医、经、管、文多学科综合性重点大学，并得到国家“面向 21 世纪教育振兴计划”的重点支持；展望新世纪，西安交大有着科教兴国、西部大开发、国家“行动计划”实施、三校合并等一系列难得的发展机遇。“继往开来、勇攀高峰、把交通大学建设成世界一流大学”，这是江泽民总书记为交通大学百年校庆的题词。这既是党和国家对西安交大的殷切期望，更是几代西安交大人为之奋斗的夙愿。为了西安交大明天的更加辉煌，希望西安交大继续发扬老一辈西安交大人的“西迁精神”和三个学校的优良传统，通过“行动计划”的建设，以改革和创新的勇气，积极投身于国家的经济建设，尤其是西部大开发的时代潮流之中，有所作为，以新的业绩再创新辉煌，尽快实现把西安交通大学建设成为世界知名的高水平大学的目标。

值此《西迁回忆录》出版之际，应西安交大之邀，谨以此文为序，以作纪念。

陈至立时任教育部部长

《西安交通大学校史(1959—1996)》序

蒋正华

(2002年1月21日)

西安交大的同志们要我为《西安交通大学校史(1959—1996)》作序，我很乐意接受这项任务。因为，西安交大是我的母校，是我长期生活和工作的地方，是我的第二故里。1954年至1958年我在交大电机系学习，是交大迁西安后第一批毕业生。毕业后留校任教。与老师、同事和许多同学同甘共苦33年，一起奉献了我们宝贵的年华，我的学业、科研基础都是在西安交大打下的。如今我还兼任西安交大人口与经济研究所名誉所长、教授、博士生导师。因此，我对西安交大有深厚的感情。尽管以后调国家计生委，又经选举到全国人大工作，西安交大的发展、变化总是牵动着我的心，交大同仁也长期与我保持着较为密切的联系。

交通大学原名南洋公学，1896年春创建于上海，1921年定名交通大学。1955年春，国务院决定交通大学内迁西安。1957年，国务院根据当时实际情况和上海、西安两地的需要，决定交通大学分设上海、西安两部分。1959年，国务院决定将上海、西安两部分分别独立成为两所学校，上海部分定名上海交通大学，西安部分定名西安交通大学。2000年4月，经国务院批准，西安交通大学、西安医科大学、陕西财经学院实现合并，组成新的西安交通大学。

交通大学是我国创建最早、办得最好的少数几所著名高校之一。长期以来坚持“起点高，基础厚，要求严，重实践”的优良办学传统；形成了“爱国爱校，追求真理，勤奋踏实，艰苦朴素”的好校风，在办学中坚持“严谨治学，博采众长，端赖名师”的方针，是国家造就高层次人才的重要基地。交大不仅在国内声誉卓著，在国外也有很高知名度。因交大毕业生成绩优异，曾经获得免试直接进入世界名牌大学攻读研究生的信誉。

从确定交大内迁西安，到调整为分设两地建校，最终实现了大部分系、专业和师生迁到西安。这些都是由党中央、国务院作出的决策，是在周恩来总理直接关心下进行的。它是我国调整高等教育战略布局的一个成功范例。迁校师生的爱国主义、集体主义高尚情操，以及顾全大局，乐于牺牲，无私奉献，尽职敬业，艰苦奋斗的革命精神，是值得永远继承和发扬的。

西安交大地处西北，办学条件比较艰苦。但艰苦也有好处，正如周恩来总理所说："太舒服不能锻炼培养青年，应该是锻炼经得风霜"，对于青年人是如此，对于一所大学来说何尝不是如此。近半世纪来，西安交大继承了老交大优良的办学传统和办学特色，扎根西北，励精图治，艰苦奋斗，将学校越办越好，在交大历史上谱写出光辉灿烂的篇章。如今西安交大，已成为国家在西北地区培养高级专门人才和科学研究的一个重要基地，为我国的经济建设尤其是为西北地区的发展作出了重要的贡献，在教育、科研及管理等方面起到了示范作用，成为西北大地上一颗璀璨明珠。据我了解，已故的西安交大彭康校长在教育界深受尊重，他的讲话，如在贯彻"高教六十条"、教学改革等方面的意见，当时在全国是很有影响的；西安交大的实力雄厚、基础扎实，教育部的不少学科建设、修订教育计划、教材建设等会议，经常放在西安交大召开；西安交大毕业生基础扎实，动手能力较强，工作勤恳踏实，普遍受到用人单位的好评，多年来保持在全国高校高就业率的最前列；1995 年底，国家教委在西安交大进行本科生教学优秀工作评估试点，西安交大被首家评为优秀；……这些都在我的心目中对西安交大留下美好的印象。交大在上海能够办好，到西北后仍能办得如此出色，这是什么原因呢？这里蕴含着诸如党和政府的大力支持，社会主义制度的优越，以及老一代迁校人和新一代西安交大人的艰苦奋斗、无私奉献、呕心沥血、开拓创新等丰富内涵。这些都是办好大学，特别是办好我国西部地区大学的重要保证。当今，在世界经济和科学技术的激烈竞争中，在西部大开发的时代潮流中，党和人民对西安交大寄予更大的期望，西安交大肩负着更加重大的历史责任。我们完全相信，在建校 150 周年、迁校 90 周年时，西安交大必将屹立于世界一流大学之林和在国家西部大开发中的突出贡献昭示于天下。

西安交大历来是国家高度重视、重点支持的一所大学，1959 年被中共中央确定为首批全国重点大学之一，在“七五”、“八五”期间，被列为国家重点建设的10所高校之一，1995年被列为国家首批实施“211工程”的7所院校之一，如今又启动和实施国家“教育振兴行动计划”的建设。随着科教兴国战略的深入实施和西部大开发的力度不断加大，古都西安的地位将越来越重要，西安交大的办学条件将会得到更大的改善；三校的合并，促进了学科互补、融合和交叉，教育资源将得到充分利用，学校实力进一步提高。在社会主义建设的新阶段，西安交大具有天时、地利、人和的条件，一定能够不断作出新的贡献。希望西安交大的同志肩负重大历史使命，同心同德，团结一致，艰苦奋斗，奋发图强，再创辉煌。

蒋正华时任全国人大常委会副委员长

在西安交大建校110周年暨迁校50周年纪念大会上的讲话

韩启德

（2006年4月8日）

今天是一个喜庆的日子，西安交大的校园里到处呈现出节日的气氛。前来参加母校建校110周年暨迁校50周年庆祝大会，我感到十分荣幸，同时感慨万千。

西安交通大学110年的发展，充满波折，但却令所有交大人值得永远铭记和深感骄傲。大家知道交通大学之前身——南洋公学，创立于中华民族危难之际，亲历了中国人民争取民族独立和解放的全过程，在战火连天和政治风云的艰难环境中交大广大师生发扬光荣的爱国传统，与祖国同呼吸、共命运，始终站在社会变革和时代进步的前列，推动了交通大学在风雨中顽强成长。至今，交通大学已犹如一株参天大树，为我国经济社会的发展各方面产生深刻的影响，发挥着无可替代的重要作用，在一个多世纪的办学历程中，交通大学形成了鲜明的办学特色和良好的学风、校风，具有良好的办学传统和育人环境，是广大校友深深眷恋和青年学子热切向往的知识殿堂。

20世纪50年代交通大学的西迁，是党和国家从当时社会主义现代化建设和国际形势需要的大局出发所作出的战略决策。交通大学的广大师生服从祖国需要，义无反顾地投向大西北，那种高昂的热情和干劲，那种爱国主义、集体主义精神和社会主义觉悟，至今令人深深地感动和敬佩，值得我们永远继承和光大。学习和弘扬这种西迁精神，对青年学生的健康成长尤为重要，这一点与我们当前在全社会范围内深入开展的社会主义荣辱观教育是一致的。

新世纪之初，经国务院批准，西安医科大学、陕西财经学院与西安交通大学进行合并，组成新的西安交通大学，学校的学科得到互补，学校的资源利用率和办学水平得到了提高，为创建高水平大学打下了良好的基础。

50年来，在党和政府的正确领导和大力支持下，在几代交大人坚持不懈的努力下，西安交通大学已成为国家在西北地区培养高素质人才和科学研究的一个重要基地，为我们国家尤其是西部经济社会的发展作出了重要的贡献。在教育、科研、管理以及社会服务等方面起到了良好的示范作用。成为西北大地上一颗璀璨的明珠。

当前，我国正处在社会主义现代化建设和经济社会发展的关键时期，比以往任何时候更加需要强有力的人才资源支撑，这对教育发展和人力资源开发提出了新的更高的要求。《中共中央关于制定国民经济和社会发展第十一个五年规划的建议》中明确规定了高等教育的任务，即提高高等教育质量，推进高水平大学和重点学科建设，增强高校学生的创新和实践能力。在今年年初的全国科学技术大会上，党中央在科学分析我国基本国情和全面判断我国战略需求的基础上，提出了建设创新型国家的重大战略任务。高等学校责无旁贷，特别是像西安交大那样一批高水平研究型大学在建设创新型国家中肩负着重大使命，不仅要培养一大批优秀拔尖创新人才，而且要创造一批重大科研成果，要在自主创新方面作出更大的贡献。这也是高校发展的一次难得的重大历史机遇。

西安交通大学在人才培养、学科建设、科学研究、知识创新和社会服务方面等已经具备了一定的基础和独特的优势。她应该乘势而上，以科学发展观统领学校事业发展，坚定不移地贯彻落实科教兴国战略和人才强国战略，围绕“办一所什么样的西安交通大学”、“怎样办好西安交通大学”和“培养什么样的人”、“如何培养人”等这些根本问题，真正坚持现代大学理念，以人为本，科学定位学校发展目标，推进学校办学质量、结构、规模、效益的全面协调可持续的发展，为建设世界知名高水平大学奠定坚实的基础。

青年大学生将是我国社会主义现代化建设的中坚力量，希望西安交大的同学们注重拓展自己的视野和胸襟，紧跟时代步伐，摒弃浮躁，拒绝平庸，脚踏实地，艰苦奋斗，勇于创新，追求卓越，敢于担负历史重任。只有把自己的理想与前途和国家的命运与未来紧密地联系在一起，我们的人生才会精彩，大家才能拥有一个美好的未来。

长江后浪推前浪，这是必然的规律，青出于蓝而胜于蓝是恩师之期望，作为交大人的后来人，我们有义务也有这个能力用自己的实际行动去实践“精勤求学、敦笃励志、果毅力行、忠恕任事”的校训。为建设创新型国家、为全面建设小康社会、为我们伟大祖国的繁荣昌盛作出新的更大的贡献！

韩启德时任全国人大常委会副委员长

在西安交大建校110周年暨迁校50周年纪念大会上的讲话

李建国

（2006年4月8日）

在这春意盎然、生机勃勃的美好时节，西安交通大学隆重举行庆祝建校110周年暨交通大学迁校50周年大会。我代表中共陕西省委、省人民政府，向西交大全体师生员工和海内外校友表示热烈的祝贺！向交通大学西迁的全体教职工表示崇高的敬意！

西安交通大学是我国创办最早的理工科大学之一。一个多世纪以来，西安交通大学伴随着时代的步伐前进，已成为在我国高等教育中具有重要地位与影响、在海内外享有良好声誉的知名高等学府。在中国人民争取民族独立和解放的伟大历史进程中，西安交通大学始终与祖国和人民同命运、共奋斗，把救国救民作为神圣的使命和不懈的追求。新中国成立后，在中国人民全面建设社会主义的伟大历史进程中，西安交通大学迎来了发展的第一个春天。经过院系调整，特别是1956年由上海内迁西安，一大批师生员工积极响应党中央的号召，投身大西北，扎根黄土地，成为西部开发的先行者。践行“精勤求学、敦笃励志、果毅力行、忠恕任事”的校训，使西安交大发展成为全国著名的重点大学，实现了一次新的飞跃。

改革开放以来，在建设中国特色社会主义的伟大历史进程中，西安交通大学迎来了发展的第二个春天。经过“211工程”、“985工程”建设和院校合并，西安交通大学进一步发展壮大，焕发出新的生机与活力，优秀人才辈出，教学科研成果累累。今天的西安交通大学，已经成为一所具有理工特色、涵盖医文等多学科多门类的综合性大学，实现了又一次飞跃。现在，正抓住国家实施高水平重点大学建设计划的机遇，深化改革，优化结构，提高质量，全面实施“人才强校”战略，向着国际化、研究型、综合性的世界知名高水平大学迈进。交通大学西迁50年来，为开发西部、建设国家作出了不可磨灭的贡献，并孕育和创新了体现时代特征的“西迁精神”，它是西安交大的荣誉，更是西安交大传承历史、开创未来的宝贵精神财富。

在国家西部大开发战略的推动下，经过“十五”的发展，陕西经济社会发展进入了一个新的阶段，即人均生产总值从1000美元向3000美元过渡的发展时期。经过全国经济普查，2004年我省经济总量在全国位次前移3位，实现了一个跨越。陕西人民创造的现代化建设的辉煌，包含着西安交通大学的贡献和功劳。今年是实施“十一五”规划的起步之年。我们高举邓小平理论和“三个代表”重要思想伟大旗帜，以科学发展观统领经济社会发展全局，正在聚精会神搞建设，一心一意谋发展，全面建设小康社会，加快建设西部经济强省。面对科学技术日新月异的新形势，我们必须发挥科教优势，坚持不懈地实施科教兴陕和人才强省战略，以自主创新为主线，建设创新型陕西，实现又快又好发展。

高等院校是培养高层次创新人才的摇篮，是国家基础研究和高技术领域原始创新的主力军。西安交通大学是陕西高校的排头兵，不仅在全省高等教育改革与发展中肩负着重要责任，而且在全省改革发展稳定的全局中有着重要影响。希望你们树立和落实科学发展观，全面贯彻党的教育方针，发扬优良传统，不断开拓创新，培养出更多德才兼备的高素质人才，创造出更多有重大影响的科技成果，为陕西经济社会发展作出更大的贡献。陕西省委、省政府将一如既往地全力支持西安交通大学的改革与发展。

老师们、同学们：今年3月4日，胡锦涛总书记在看望出席全国政协十届四次会议的委员时明确提出，要引导广大干部群众特别是青少年树立社会主义荣辱观。胡锦涛总书记关于“八荣八耻”的重要论述，明确了当代中国最基本的价值取向和行为准则，是新形势下社会主义思想道德建设的重要指导方针，具有极其重要的历史和现实意义。目前，在全省广大干部和人民群众中正在兴起一个社会主义荣辱观的学习教育热潮。高校是青年最集中的地方，是教书育人的地方。全省高校广大师生要做带头学习和实践胡总书记倡导的社会主义荣辱观的模范。带头明荣辱之分、做当荣之事、拒为辱之行，推动全社会形成知荣辱、树新风、促和谐的文明风尚。希望广大青年学生在社会主义荣辱观的指引和影响下，努力掌握报效祖国、服务人民的知识和本领，养成高尚的思想品质和良好的道德修养，不断提高实践能力和创新能力，实现德智体美全面发展，努力成为合格的社会主义建设者和可靠接班人。

我相信，在教育部的领导和各级党委、政府及社会各界的支持下，经过110年的沧桑巨变而今站在历史新起点的西安交通大学，一定能够取得更加辉煌的成就，实现创建世界知名高水平大学的新飞跃。

李建国时任陕西省委书记、省人大常委会主任

继承、弘扬西迁精神，为创建世界高水平大学而努力奋斗

——在教育部纪念交通大学迁校五十周年座谈会上的讲话

周　济

（2006 年 4 月 9 日）

参加交通大学迁校 50 周年座谈会之前，参观了西迁 50 周年展览，深受教育，深受鼓舞。为此，我首先代表教育部，向 50 年前随交通大学西迁的师生员工，向 50 年来为学校的发展作出重要贡献的广大师生员工表示崇高的敬意，亲切的问候和衷心的感谢！

50 年前，党中央、国务院根据当时的国际形势和社会主义建设事业的需要，决定交通大学的主体从上海内迁西安。交通大学以彭康为校长的广大师生员工，积极响应党的号召，服从大局，毅然放弃大都市繁华富足的优越条件，义无反顾地奔向当时工作、学习和生活都十分艰苦的大西北，以上火线的英勇气概和拓荒者的艰苦奋斗精神，投身到改变祖国落后面貌的建设大潮之中，成为西部大开发的先行者。从 1955 年 5 月在西安选择新校址，到 1956 年 9 月新生报到，不到两年的时间，就在一片广阔的原野中，奇迹般的建起了一所新的拥有 6000 人的交通大学。这在今天看来都是令人难以想象的创举。

“艰难困苦，玉汝于成”，半个世纪以来，在党和政府的亲切关怀下，交大人继承和发扬“爱国爱校，严谨治学”的优良传统，又汲取艰苦奋斗，奋发图强的延安精神，经过几代人的无私奉献，艰苦奋斗，使学校办出了特色，办出了水平，为祖国培养了一批又一批优秀的人才，为推动我国西部地区经济社会发展、为我国教育科技事业的发展作出了巨大的、影响深远的贡献。交通大学的西迁是我国高等教育史上的一件大事，也是交通大学发展史上的盛举，是我国高等教育大发展和战略布局调整的成功

范例。在几十年的不懈奋斗中，留在西北的交大人，把毕生都奉献给了交大，奉献给了祖国的大西北。学校在十分困难的条件下，通过自强不息，开拓进取，勤奋办学，铸造出了“胸怀大局，无私奉献，弘扬传统，艰苦创业”的西迁精神，书写了交大办学历史上光辉灿烂的篇章，也为交大今后的发展留下了极为宝贵的精神财富。

这种西迁精神是新中国广大的知识分子热爱祖国，服务人民高尚情操的光辉写照，不仅是西安交大的精神财富更是全国教育战线的精神财富。毛主席曾经说过：人总是要有一点精神的。我们这里所讲的精神是什么？它是一种崇高的思想信仰，是一种无私的道德理念，是一种崇高的品格修养，是一种豁达的人生态度，是一种宽广的气概情怀，同时它还是一种优秀的文化传承。50 年前的交大师生，就是带着这样一种精神，明大理，识大体，一切为祖国的社会主义建设着想，克服各种困难，舍小家，顾大家，自觉地随校西迁，作出了无悔的选择，这是何等崇高的理想境界，是何等豪迈的开拓精神，此后几十年，也正是一代又一代的交大人始终坚持着这种精神坚守在祖国的大西北，艰苦创业，无私奉献，用他们的牺牲和奋斗，才换来西安交大成果辉煌的今天。

这种西迁精神是在建国初期的艰苦环境中形成的，因而这一精神具有艰苦奋斗的显著标志，但其内涵绝不仅限于艰苦奋斗。它是老一代交大人在坚持国家利益与学校自身发展相统一的方向下不断取得学校各项事业成功的经验总结，是交通大学在办学过程中和教育实践中不断推进自身建设和走向成熟的经验总结，是一代又一代交大人艰苦创业成就了国家高等教育结构调整成功典范的伟大实践的高度概况和总结。

当年，周恩来总理深切关怀并且亲自指导了交通大学西迁工作，他那时曾对交大师生说过这样语重心长的话。他说，我们是社会主义的学校，交大同仁的一言一行必须照顾大局。他告诫交大师生要戒骄戒躁，要勇于到西北去接受锻炼。周总理要求交大师生无论置身何处，心中都要装着人民，要对得起西北人民的厚爱。今天当我重温这些谆谆教诲时，一方面感到是那么亲切；同时，又为总理那博大的胸怀和远见卓识深深地折服。如果把中国的发展战略比作一盘棋的话，交大西迁则是党中央在这盘棋局中摆下的一个十分关键的棋子，随着我国社会经济结构的发展，随着国家经济发展重心进一步向中西部转移，当年这盘棋的战略意义和深远的影响早已充分显现了，而且会越来越重要，可以说，交大西迁是国家实施西部大开发的十分重要的举措，体现了党中央、国务院的英明决策。正是交大的西迁，改变了整个中国西部高等教育的格局，改变了西部没有规模宏大的多科性工业大学的面貌。西安交大通过自身的发展壮大，引领和带动整个西部地区的高等教育乃至整个教育的蓬勃发展，形成了“一马当先，万马奔腾”的大好局面，我们相信，随着国家西部大开发战略和科教兴国战略的进一步深入推进，在我国建设创新国家和和谐社会的伟大历史进程中，作为西部建设和大开发的重要支撑力量，西安交通大学的建设和发展，可以说是举足轻重，至关重要。为此，教育部将会更加重视和集中力量，给予西安交大以更大的特殊支持，推动更快更好的发展。

具有丰富内涵的西迁精神不仅在建国初期需要，在全面建设小康，进一步完善社会主义经济体制，推进高等教育持续健康快速发展的今天，也同样是需要的。这种精神永远不会过时，无论过去、现在和将来都不能丢。西迁精神的内涵又恰恰是胡锦涛总书记提出的以“八荣八耻”为主要内容的社会主义荣辱观的典型体现，交大人正是因以“热爱祖国、服务人民、辛勤劳动、艰苦奋斗”为荣，顾全大局，心系祖国和服务人民，才能在艰苦的环境和条件下，始终保持着蓬勃向上的精神风貌和奋发进取的昂扬斗志。因此，时至今日，不仅是西安交大的师生，我们全体教育战线的工作都要继承优良传统，保持革命本色，身体力行地发扬这种西迁精神，在各自的工作实践中用这种精神不断熏陶、净化、提升和激励自己，这是我国高等教育事业乃至整个教育事业未来发展的需要，我们一定要把西迁精神一代一代继承下去，弘扬起来，使其光辉永存。

回顾过去，西安交大成就辉煌，展望未来，西安交大任重道远。中央反复强调，本世纪头 20 年是我们必须紧紧抓住并且可以大有作为的重要战略机遇期。随着改革开放的不断深入，我国社会主义现代化建设取得了伟大成就，国家发展已处在一个新历史起点上。面对突飞猛进的世界科学技术，面对方兴未艾的知识经济，面对日趋激烈的综合国力竞争，中央要求我们，牢固树立和认真落实科学发展观，把建设创新型国家作为面向未来的重大战略，依靠科技进步和提高劳动者素质来实现国家经济社会的全面协调可持续发展，从而为实现中华民族的伟大复兴打下更加坚实的基础。高等教育是科技进步和人才培养的结合点，是科教兴国和人才强国的生力军，建设高水平大学，是创新型国家的战略重点，是落实科技规划纲要的重要措施。作为正在进行高水平大学建设的西安交大，必须进一步增强责任感和使命感，承担起历史赋予的重任。

发扬伟大的西迁精神，就必须要把大学的发展与国家的经济发展结合起来。当我们再次回想50年前，交通大学的老一代师生服从大局，义无反顾地奔向祖国的大西北，把青春奉献在了祖国的西部。我们既为他们这种精神而感动、赞叹，更对他们立足西部，在艰苦条件下创造的在人才培养和科学研究等的不凡业绩而由衷钦佩。可以说，以西迁教职工为代表的老一代交大人50年的艰苦努力，成就了交通大学在西部发展的新的辉煌，实现了国家作为交大西迁这一重大决策的宏伟战略目标，也奠定了西安交大在全国高等教育体系中独特的不可替代的重要地位。

西部不发展，实现全国的现代化是不可能的。今后，随着国家实施西部大开发战略、全面建设小康社会的深入推进，西安交大的这种特殊的区位作用和战略重要性将会更进一步地显现。也正是基于这一点，我们可以相信，国家对于西安交大的发展将会给予更进一步的重视和支持，陕西省和西部地区的人民也将会对西安交大的发展寄予更热切的期望和关注。因此，西安交大的广大师生员工一定要抢抓机遇，趁势而上，把学校发展融入到国家的西部大开发战略当中去，融入到为实现中华民族伟大复兴而加速推进的社会主义现代化建设事业中去。在这一过程中，学校要坚持“以服务求支持，以贡献求发展”，进一步增强为西部地区特别是陕西经济建设和社会发展服务的意识和力度。高等学校既是高层次人才培养的主要阵地，又是人才汇聚的战略高地，也是知识创新的重要基地，在推动现代化发展进程具有得天独厚的优势和条件。西安交通大学地处我国西部地区，交大的老一代教职工可以说是西部开发建设的先行者，在国家西部大开发战略进程中西安交通大学的特殊作用是不可替代的，学校要将自身的发展与西部开发结合起来，与西部地区特别是陕西的经济发展结合起来，要更加注重科技成果转化为现实生产力，更加注重教育与科技创新和经济建设、文化繁荣和社会进步的紧密结合，为陕西的经济建设和社会发展培养一大批留得住、用得上的各类高素质人才。为陕西人民、西北人民实现全面建设小康社会宏伟目标提供更好的服务，以求得对西安交通大学更大的支持；为陕西的现代化建设作出更大的智力贡献，以求得学校更好的发展。事实上，50 年来，西安交通大学能在相对艰苦的条件下得到不断的发展壮大，也正是得益于陕西省委、省政府和陕西人民、西北人民的大力支持。在此，我代表教育部向陕西省委、省政府和广大陕西人民、西北人民对西安交通大学 50 年来成长和发展的一贯关怀和支持表示最诚挚的感谢！

为了更好地肩负起这一神圣的历史使命，希望西安交大以“三个代表”重要思想为指导，按照科学发展观的要求，继承和弘扬西迁精神，进一步解放思想，实事求是，结合新形势，新情况，进一步加强宏观思考和战略研究，谋划发展，规划未来，认真思考两个问题，即要把西安交通大学办成“一所什么样的大学”和“怎样办好这样一所大学”两个根本性问题，精心制定和完善“三个规划”，即发展战略规划、学科建设和师资队伍建设规划、校园建设规划，使之成为新时期统一全校师生思想，凝聚人心，鼓舞士气，引领学校各项事业建设和发展的纲领性文件，推动学校各项事业更快更好的发展，努力实现西安交大的新跨越。为此要切实抓好以下三个方面的工作：

一、要坚持育人为本，用优良传统育人，培养创新型建设人才

西安交通大学迁校以来为国家培养了数以万计的高水平建设人才，是西迁精神哺育了他们，使他们牢固树立全心全意为人民服务的根本宗旨，坚持为国家繁荣、民族复兴奋斗终生的远大志向和坚忍不拔的创业精神，在新的历史发展阶段，西安交通大学更要大力弘扬西迁精神，坚持教育以育人为本，办学以人才为本，继续保持和发展“起点高、基础厚、要求严、重实践”的办学特色，深化教育改革，积极推动人才培养思路、模式的创新，为国家和区域经济社会建设培养大批创新拔尖人才。学校培养出来的人才不仅要具备扎实的知识储备和优秀的专业素养，更要具备西迁精神这样的高尚情操和品德修养，只有德才兼备，才能真正地体现价值，发挥作用，为我国社会主义建设作出更大的贡献。

二、加强学科建设，不断提高科技创新能力

全国科技大会提出，要高举自主创新的旗帜。高等学校是国家知识创新的主体，大学尤其是高水平研究型大学是国家知识创新体系的核心力量。西安交通大学要认真贯彻落实国家中长期科技规划纲要，根据国家构建创新体系的要求，紧紧围绕实现国家经济社会发展的奋斗目标，围绕解决经济社会发展中的重大问题，充分发挥学校科研和智力资源密集的优势，通过体制机制创新，搭建平台，组织团队，承接大项目，创造大成果，使学校成为创新骨干力量和引领力量。要按照凝练学科方向、汇集学科队伍、构筑学科基地的要求，走跨越、集成、创新之路。通过不断加强学科建设来强化学科优势和办学特色，不断提高科技创新能力，增强办学水平和综合实力。在这一过程中，同样需要我们广大的交大师生员工弘扬西迁精神，爱岗敬业，艰苦奋斗，一心一意谋发展，聚精会神搞建设，为建设创新型国家，西安交大要积极参加科技大会提出的五个创新体系的建设。尤其是结合陕西及西部实际积极参与构建区域新体系，紧密与企业结合构建技术创新体系，为西部大开发贡献自己应有的力量。

三、要坚定不移地实施“人才强校”战略

中央明确提出人才资源是第一资源，要实施“人才强国”战略，这是以胡锦涛同志为总书记的党中央深刻把握当今时代特点作出的重大战略决策，是我们党治国方略的又一次与时俱进。西安交通大学地处西北，环境条件相对比较困难，这就要求我们要更加坚定不移地实施“人才强校”战略，要以超常规的热情，付出超常规的努力，采取超常规的举措来抓人才，要真正培养、留住、吸引一批人才，不断提高教师队伍的素质和水平。50年来，西安交大集聚了一大批具有西迁精神的优秀骨干和各类人才，正是出于他们的艰苦创业、无私奉献，学校的各项事业才得以蒸蒸日上、蓬勃发展，学校未来的发展更是需要这样的人才，为了吸引和留住优秀的人才，待遇和生活条件一定要尽可能地改善和提高，但学校更要通过创设和营造利于有志者成就事业的平台和氛围，以老一代交大人立足西部、艰苦奋斗、成就事业的西迁精神和成功实践，来感召、凝聚、构建一支既有良好专业素质，又有远大志向和抱负的新一代骨干队伍。唯有这样，才能真正实现事业留人、感情留人，把西安交大营造成一片青年一代优秀知识分子服务祖国，成就事业的沃土。

当前，在我国的社会主义建设和创建创新型国家的进程中，实现教育优先发展已成为必然的选择。要实现我国高等教育新的跨越，高水平大学建设又是我们的必然选择。在实现这一崇高而艰巨的建设目标的过程中，我想再次强调的是，不仅西安交通大学要继承和弘扬西迁精神，我们所有的高等学校都应该发扬光大以西迁精神为代表的“热爱祖国、服务人民、辛勤劳动、艰苦奋斗”的优良传统，拼搏奋进，锐意进取，通过不懈的努力和奋斗，为实施科教兴国战略和建设创新型国家，为全面建设小康社会，为实现中华民族的伟大复兴作出我们应有的贡献。

周济时任教育部部长、党组书记

在教育部纪念交通大学迁校五十周年座谈会上的讲话

陈德铭

（2006 年 4 月 9 日）

今天我们在这里共同纪念交大西迁五十周年，对我自己来讲，也是一次极好的生动的教育。我也是一名从上海来到西安的工作人员，所以我可能比其他一些同志更能深切地感受到东西部的差距，感受到从大上海到大西北来，在生活、饮食、文化等各方面的差异。我觉得交大西迁的老师们是我学习的榜样，是我在陕西为三秦大地的 3700 万人民兢兢业业奉献的精神支柱之一。

记得刚到陕西工作的第三天，我就收到一封来自西安交大的、原来上海市西中学校友给我的信，他告诉我有几十名曾在那个中学毕业的老前辈、老学长，以后作为交大的教师，在 50 年代，一起西迁到了西安，为陕西和西北地区的建设付出了青春，贡献了人生。我看了非常感动。我不知道今天在座的是否还有我高中的校友。今天在座的老师使我想起了当年那么多同志西迁的壮举，我觉得我们陕西省各级党委、政府，陕西省全体人民都要学习交通大学的西迁精神。这种西迁精神是什么内涵呢？刚刚西安交大的老教授、年轻的老师和学生代表以及兄弟院校领导都谈了。从他们点点滴滴的讲述中，我感受到交大的西迁精神实质上是在中国共产党的领导下的爱国知识分子的一种敬业、奉献的精神和服从大局、建功立业的写照。今天会场上 16 个字的标语：胸怀大局、无私奉献、弘扬传统、艰苦创业，就是我们所要弘扬的西迁精神。

使我感到更加欣慰的是一代又一代的教师和学生们能把西迁精神传承下来，使之得到发扬光大。当今我国经济运行模式和投资方式已经发生了很大的变化，已经从依靠计划经济运行机制转变为依靠社会主义市场经济运行体制，来建设我们的祖国，来复兴我们的民族。当年的西迁精神应该在新的历史条件下得到弘扬和发展。我在沿海长大，也目睹和亲身经历过很多类似西迁的情况。比如说，50 年代、60 年代许多知识青年去了新疆；比如说我毕业的时候，近一百万上海知青到全国各地插队落户，如江西、云南、贵州、内蒙古等等。我想，在我国的教育史上，交通大学的西迁精神是最突出最典范的。不仅教育战线要学习这种精神，而且各条战线、每个人都应该学习这种精神。

我应该很坦诚地向各位老师和同学承认，改革开放以后 20 多年里我国经济发展非常快，东西部差距在很多层面上继续扩大。当前，党中央要求我们加快推进西部大开发，如果我们没有交通大学当年的那种西迁精神，是很难完成好历史使命的。我刚刚听到年轻的老师讲，很多优秀的教师毅然放弃了东部优厚的待遇和报酬选择留在陕西，留在西部，我很欣慰。要搞好西部大开发，首先要大力弘扬交通大学的西迁精神。此时此刻，我也深深地缅怀毛泽东、周恩来等老一辈革命家，当年他们有这样的战略思想，绝不仅仅是出于一所大学的考虑，他们更多考虑的是高等教育和整个国民经济的关系、高等教育和整个民族复兴的关系，所以才毅然决然把上海的交大迁到西安。如果没有当年的这种战略布局，那么今天的陕西以至中西部的发展会逊色得多。现在西安市、陕西省甚至整个西部的特色产业都跟西安交通大学有着紧密的联系，在陕西工业经济的各个领域，比如汽车、输变电、微电子等产业方面，都得到了西安交大在教学、研究和开发等方面的大力支持和帮助。

去年我们刚完成“十五”计划。在“十五”期间，陕西省生产总值年均增长 11.5%，去年财政收入跨越了 500 亿，超过了天津、云南、吉林。从今年起，我们要连续五年，每年都保持这样甚至更快的增长速度，我们的人均生产总值要从现在的 1200 美元增长到 2000 美元以上。今后陕西的发展更需要精神支柱，各个大学、各个领域都要学习交大的西迁精神，把教育和经济及其他领域的工作紧密结合起来，推动经济社会全面进步，陕西省委、省政府一定要从各方面关心和支持西安交通大学的发展，关心支持当年西迁的每一位老教师。我也希望西安交通大学的党委、校领导能更好地关心这些西迁的老同志，给他们多一点爱心，更多地关怀他们的健康。

在弘扬西迁精神的同时，我们运用市场的规律和方法来做好各项工作。面对当前激烈的市场竞争、人才竞争，陕西省委、省政府一定会竭尽全力来支持交大的发展。让西安交大在陕西这块土地上有更好的教学环境、科研环境和生活环境，从而反过来更好地促进陕西的自主创新，支撑和推动陕西经济更好更快地发展。在这个时候，我也非常希望能继续得到教育部周济部长对陕西的关心和大力支持。同时希望西安交通大学继续弘扬西迁精神，更上一层楼，再创交大辉煌！

陈德铭时任陕西省人民政府省长

江泽民为西迁老教授题词

2009年7月3日，江泽民同志莅临西安交大看望师生员工之际，特为西迁老教授沈尚贤(1909—1993)百年诞辰题词：“举家西迁高风尚，电子领域乃前贤”。

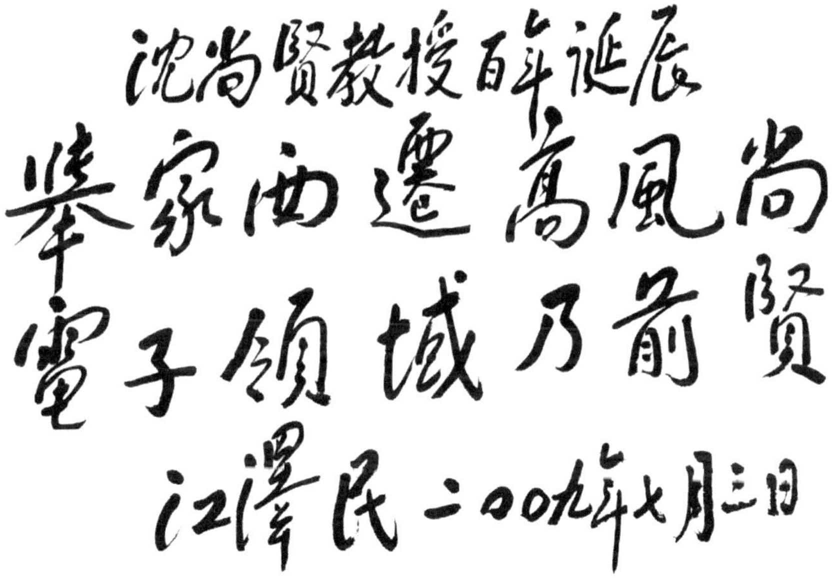

有关交通大学西迁的重要文件

高等教育部《关于沿海城市高等学校1955年基本建设任务处理方案的报告》及中央领导同志的批示

高等教育部党组的报告

林枫同志并报
总　理：

我们根据中央关于编制五年计划的方针和沿海城市基本建设一般不再扩建、新建的指示，重新研究了沿海城市高等学校的分布情况和今年的基本建设任务。根据保证完成全国高等学校原定招生计划，基本上停止或削减沿海城市高等学校的基本建设任务的原则，经与各有关方面协商结果，采取减少沿海城市高等学校招生任务，适当缩小今后的发展规模，并配合国民经济发展的需要，特别是按照新工业基地的分布情况，相应地扩建内地学校、提前在内地增建新校等措施，全盘安排，逐步调整。按各城市的不同情况，分别拟定处理方案如下：

第一：削减部分

一、上海市

上海市有基本建设任务的高等学校共有十三所（不包括高等师范学校，下同），今年原计划分配基本建设面积116904平方公尺，投资1570万元（新币，下同）。经研究后，除同济大学有10400平方公尺，华东化工学院有3900平方公尺因已开工，大部分经费均已付出，拟请同意继续完成外，其余工程一律停止建筑。计共可削减基本建设面积102604平方公尺，投资1409万元。

原计划今年成立的造船学院，因学校性质的关系，仍拟设在上海，暂借用交通大学的校舍进行招生，不另新建校舍。原有各校除充分发挥现有校舍潜力，尽最大可能容纳今年所招新生，容后再做调整外，今年各校的招生任务约需转移及减招270人左右。

二、广州、厦门、青岛、大连、福州等五市(略)

三、天津、唐山、沈阳、济南、南京、杭州、镇江、苏州等八市(略)

上述各市高等学校今年分配了基本建设面积228922平方公尺,投资2586万元。为着保证完成今年招生任务的最低需要,拟请保留基本建设面积58935平方公尺,投资615万元。共削减基本建设面积169987平方公尺,投资1971万元。

四、北京市(略)

以上十五个城市共可削减基本建设面积414467平方公尺,投资5543万元。

第二:增加部分

一、由于内地西北工业学院等九个学校要分别容纳沿海城市学校转移的招生任务,除充分发挥原有校舍的潜力外,还需要增建校舍40150平方公尺,共需投资385万元。此外交通部提出:大连海运学院因学校性质关系仍须在该市增建部分实验室及实习工厂。拟拨给基本建设面积2300平方公尺,投资23万元。

二、由于高等学校今后每年招生任务很大,今年采取临时措施,有关各校师生宿舍过分拥挤,部分学校必需的教室、实验室、实习工厂亦未获得合理解决。为早日进行调整,以免影响教学,今年应即在内地筹建若干学校。根据我部和中央各有关业务部门初步商定,拟立即着手在西北、西南、中南等地区筹建下列的学校:将东北工业学院等四校的土木建筑专业调出在西安成立西北土木建筑学院;将现在北京工业学院化工方面的专业调出在西安附近成立分校;将青岛工学院、同济大学测量专业调出在郑州成立测绘学院;将南京航空专科学校迁至西北西安附近成立西北航空学院;将交通大学机械、电机等专业迁至西北设交通大学分校(具体地点和陕西省委商定),准备在两三年内全部迁出;将苏南工业专科学校和沿海其他工学院机械系部分专业调出在洛阳成立机械学院;将天津大学和青岛工学院纺织专业调出在咸阳成立纺织工学院;将华南工学院、南京工学院、交通大学等校的电讯工程有关专业调出在成都成立电讯工程学院;青岛市山东大学校舍因要用作海军基地,准备将该校迁往郑州,改称河南大学(或暂称山东大学分校);将北京医学院药学专业迁至太原新建药学院；将上海第一、二两个医学院部分专业和师资迁至重庆附近新建重庆医学院；将四川大学农学院独立建校，成立四川农学院，以便容纳沿海城市各农学院部分招生任务；将上海复旦大学在重庆设分校。

以上十三校共需基建面积367500平方公尺，投资3688万元。其中交通大学分校、建筑工程学院、北京工业学院分校、西北航空学院、河南大学、重庆医学院等六校共需面积223000平方公尺，投资2325万元，争取今年暑假或寒假前全部完工，以便暑假或寒假期间容纳新生和进行院系调整。其余七校共需面积144500平方公尺，投资1363万元，争取至迟在明年六月以前完工，以便明年暑期容纳新生和进行院系调整。

上述调整建校方案，如蒙原则同意，当另拟具体专业调整方案，报请审批。

第三：实际减少的招生人数，基本建设面积和投资（略）

以上报告，是否妥当，请批示！

高等教育部党组

1955年3月30日

中央领导同志的批示

林枫主任（1955年3月31日）签注意见：

陈毅副总理：兹送上沿海城市高等学校一九五五年基本建设任务处理方案，这个方案，二办已经讨论过，认为可以同意。其中有些具体问题，例如交通大学的新校址是否应设在西安等，尚需进一步研究，以后当专案报告。沿海各城市均急于等这一方案下达，务必即予批示。

陈毅副总理（4月2日）批签：

送陈云副总理核示。

陈云副总理（4月7日）批示：

这一件的主要任务是沿海城市的大学内迁，共有十三起几十个学校或专科。据林枫同志说，这是政治局那次听陈毅同志报告上海情况后指示工厂学校内流的方针拟定的。林枫同志认为：（一）内迁后对原五年计划的毕业生和招生人数稍有妨碍，但无大妨碍；（二）用母子学校的办法（即分校）可以动员沿海学校的教员去内地；（三）与西北、西南同志商量，认为现定基建计划可以完成，困难不大，不致影响内迁。

此外本件内容是削减基建和拨款（比原计划）。

我认为可以同意林枫和高等教育部党组的意见。

经刘、朱、彭真、小平阅后退国务院总理办公室。

注：周恩来、陈云、陈毅之外，上述四位领导同志也先后圈阅了此文件。刘少奇时任中共中央书记处书记、全国人大常委会委员长；朱德时任中央书记处书记、国家副主席；周恩来时任中央书记处书记、国务院总理、全国政协主席；陈云时任中央书记处书记、国务院副总理、全国总工会主席；彭真时任中央书记处候补书记、中央组织部长；邓小平时任中共中央秘书长、国务院副总理；陈毅时任国务院副总理、上海市市长；林枫时任国务院第二办公室主任。

（西安交通大学档案馆馆藏档案 1955－1956 年永久 12——1－8）

高等教育部关于交通大学内迁西安的通知

交通大学：

根据中央指示：高等教育建设必须符合社会主义建设及国防建设的要求，必须和国民经济建设的发展计划相配合。根据以上精神，经我部研究并已经国务院批准，决定你校自一九五六年开始内迁西安，并提前于一九五五年开始进行基本建设工作。上海原址的校舍应让上海造船学院使用。迁校后的最大发展规模定为12500人，专业设置及逐年招生人数，目前我部正与有关单位洽商研究中，待确定后当另行通知。现将有关基本建设工作的具体事项通知如下：

一、确定你校一九五五年度基本建设任务为：建筑面积五万一千三百五十平方公尺；建筑安装及其他基本建设投资二百八十八万一千九百七十元。唯因此项基本建设任务确定较晚，故需有计划地列为跨年度工程，将基本建设投资的一部分列入一九五六年的年度预算中支付。请积极创造条件，尽可能地多完成施工工作量。

二、你校应即抽调干部组成基本建设的专职机构，负责进行基本建设的日常工作。施工任务业经我部向建筑工程部统一委托，唯目前该部尚未正式分配下达。你院仍可向当地各施工单位了解承担施工任务的可能性，并将结果报部，以便进一步地与建筑工程部研究，分配下达。

三、为便于我部及时掌握情况，除特殊问题应专案报部请示外，希能按月地有系统地将基本建设工作进行情况汇报我部。

中华人民共和国高等教育部

一九五五年七月廿一日

抄呈：国务院第二办公室、中共中央宣传部

抄致：上海高等教育管理局、中共上海市委、上海市人民委员会、中

共陕西省委、中共西安市委、陕西省人民委员会、西安市人民委员会建筑工程部、财政部、中国人民建设银行总行

（上海市档案馆馆藏档案）

中央宣传部转发高教部党组关于请有关省市委协助解决新建校迁校问题的通知

兹将高等教育部党组报请转知有关省市委协助解决新建校迁校问题的函件一份发给你们，望报转你省、市委，请对各有关学校的建校和迁校予以大力支持和帮助，以便迁校、建校工作能够顺利地进行。

中央宣传部

一九五六年四月二十五日

报请转知有关省市委协助解决新建校迁校中的问题

按国务院批准的方案，今年将有两所学校内迁，五所新校在内地新建，这样就有大批教师，职工及其家属须由沿海城市迁往内地，其情况略如下表：

校名	建校地点	原校及原系科所在地点	要迁往内地人数
交通大学	西安	上海	3370(其中教师 234 人)
华东航空学院	西安	南京	1681(其中教师 223 人)
西安动力学院	西安	苏州、青岛	1287(其中教师 130 人)
西安建筑学院	西安	青岛、沈阳、杭州、苏州	1273(其中教师 263 人)
武汉测量制图学院	武汉	上海、青岛、南京、天津、广州	1456(其中教师 132 人)
成都电讯学院	成都	上海、南京、广州	504(其中教师 109 人)
成都地质学院	成都	北京、长春、南京	约 130(未定)
共计		几个城市	9695(1091)

以上今年暑期内迁近万人，其中教师约 1091 人，这是很大的工作，对内迁人员我部已在生活方面订出了种种照顾办法，并要求学校的领导同志特别注意思想工作，有的学校还组织了参观团到新建校地点参观访问，这些活动收到一定效果，解除了一些思想顾虑，根据目前情况，绝大多数教师都表示愿意服从国家需要，克服困难随校内迁，但也有少数教

师表示内迁有困难，并提出一些困难和问题，有些学校的领导同志也反映了一些问题和意见，这些意见中有些事我部能够解决的，如适当改善生活用房和生活设备，办幼儿园及小学等，我们已尽可能解决并做了安排，但有些问题是需要各方面支持才能解决的，在这一方面，现在学校反映较多的也是内迁人员最关心的问题有两个：

第一是内迁人员家属随同他们一起迁往内地的问题，因为有些内迁人员的家属在原地区别的单位工作，有关单位不愿意这些家属随同调动，影响他们的情绪；

第二是这些家属到新校址后安置适当工作和子女入学问题。

对于以上两个问题的解决，有关省、市委和政府一般都是支持的，本部以及各校都作过多次联系，但因这个问题是牵涉面广，比较复杂，还需要他们更多坚决的支持，才能在较短的时间内取得解决。

各有关学校都已派人和有关省市党委和政府取得联系，我们希望中央宣传部能给有关省市委宣传部或文教部发一通知，转各省、市委大力支持，使迁校、建校工作能顺利进行。

以上意见是否妥当请批示。

高等教育部党组 杨秀峰

一九五六年四月五日

（西安交通大学档案馆馆藏档案 1955－1956 年永久 12——59－60）

中央领导同志关于高等教育部部长杨秀峰呈文的批示

高教部部长杨秀峰给国务院二办并报总理的呈文

国务院二办并报

总　理：

关于交通大学内迁问题，根据总理指示我部党组进行了研究，并征求了上海市委的意见，都认为仍按去年全国文教工作会议决定内迁西安较好，理由如下：

一、交通大学现设有机械、电机、动力三类专业，在宁沪杭三角地带来说和南京工学院、浙江大学有重复，而西北地区目前还没有一个水平较高的多科性工学院，从长远的全面的安排着眼，移一个学校至西北是好的。交通大学内迁西安后可以和一机部、二机部、电机制造部、电力部在西北布置的建设项目取得很好的配合。据了解，除蒸汽机车专业外，交通大学其他专业在西安及其周围一带，都可以找到相应的大型厂子，而这些厂子的设备有的都是比较新式的，这样对学校师生进行生产实习、吸取最新科学技术成就和学校与厂子进行技术合作等方面便利条件较多。

二、交通大学的师资条件较好，部里给他的任务也较大，今年暑假调整之后，共有21个专业（其中新增加的有电气机车、内燃机车、压缩机、高电压技术、无线电工学等5个专业），明年起还准备增办原子能技术方面的专业，学校规模可能达到15000人，从这些专业和规模来看，也还是放在西安较好，同时对西北今后新设的一些学校，交通大学也能起一定的指导作用。

三、交通大学上海的校舍只有12.5万平方公尺（包括一部分破旧房屋在内），按现有6200学生计算，尚差4万多平方公尺，无法解决，以致实验室的很多装备打不开箱，有些不得不放在临时房屋里，甚至把一些不适用的房子临时用来做实验室，对教学及科学研究工作影响很大。而且由于现在的校址周围都是民房，就原地进行扩建的困难很大。去年决定内迁后，就在西安开始了基建工作，今年暑假前将建完 10 万平方公尺，可以满足今年一、二年级之用。今年年底还可建完 5 万多平方公尺。明年再加一把力即可满足需要。现在如决定仍留上海，则扩建的困难依然存在，需要新建的面积和所需要的时间都不少于在西安建校。而且今年的基建也无法解决（交通大学的校舍已交上海造船学院使用，如要造船学院搬出，上海市解决不了房子）。

因此，我们考虑，虽然交大在上海的历史比较久，和上海的企业、群众的联系比较多，上海的企业技术条件以及市政条件在一定时期内比西安好，留在上海有其有利的一方面，但从长远打算，搬到西安去还是好的。

关于招生问题，今年我部已将交通大学列为全国重点学校之一。在全国范围招生，并可以优先录取。由于交通大学历史较久，影响较大，我们再有意识的多加支持，估计可以招到较高水平的学生。今后宝成路通车，西北、西南联系起来，招生条件会更好起来的。

就交通大学内迁工作来看，当然有些困难。教职员工中留恋上海的思想情绪开始时相当普遍，经过一年来的工作，基本上已解决。目前绝大多数教职员工能够服从国家及学校发展的利益，学生也都积极拥护迁校的决定，只有极个别的学生要求转学、退学。学校的搬迁工作已经开始。截至 5 月底，已有一部分员工及家属迁至西安。物资搬迁自今年 1 月即开始，四、五月份已运去实习工厂机器、实验设备家具等 9 火车。现在改变原来决定，也会造成另外一些困难。

但是从上海考虑，的确也还需要有一所机电性质的高等工业学校，我部去年决定交大内迁时，这些方面考虑的不够周密。为了弥补这一缺点，经与上海市委商洽同意拟在交通大学内迁后，在上海留一个机械电机方面的摊子，从 1957 年招生。然后逐渐发展成为机电方面的高等工业学院，这个学院由交大负责筹备。

以上报告是否恰当，请批示。

杨秀峰

1956 年 7 月 3 日

中央领导同志的批示

陈毅副总理批签：

总理：请考虑准其将交大西迁。

陈毅

7月7日

杨秀峰部长批注：

总理指示：同意搬，必须留一个机电底子，以为南洋公学之续。

杨秀峰

7月12日

（西安交通大学档案馆馆藏档案1955－1956年永久12——36－38）

高等教育部关于院系调整及迁校中工作人员车船费、旅馆费、途中伙食补贴费的开支办法

各有关高等学校

各省市高教局

各有关省人民委员会及中央各有关部：

根据我部(64)计刘字第39号通知第四条规定：院系调整中，工作人员本人及其随同迁移的家属的车船费、途中伙食补助费、旅馆费均按照各校现行差旅费开支标准中有关调动工作人员旅费规定办理。按该项规定随同迁移的家属搭乘车船及住宿旅馆等级一般都与工作人员本人同。有些学校对此有意见，认为这样规定对于处理个别工作人员调遣是合适的，但在院系调整和迁校中的工作人员集体调遣时(按我部(55)财刘字第190号通知附件第十条规定院系调整中工作人员调遣应组织集体乘坐车船)也按此规定办理，则不甚妥当，经我部研究后同意这个意见，今后除处理个别工作人员调遣仍按原规定办理外，凡属在院系调整或迁校中组织集体调遣者，其车船费、途中伙食补助费及旅馆费均改按下列规定办理：

1. 工作人员按行政差旅费标准开支，夫、妻双方均为学校工作人员者，亦同。

2. 受工作人员供养并经学校批准随行的亲属，原则上均按一般工作人员标准开支，副处级或副教授以上工作人员，其随行亲属如因衰老、患病，或十岁以下儿童，在旅途中必须由其本人亲自照料者，经学校批准，得与工作人员本人乘用同等级的车船和旅馆，但其旅途伙食补助费仍按一般工作人员标准发给。

3. 经学校批准随行的保姆，学校发给火车硬席(无卧铺)轮船统舱及公路车的车船费，其余各项费用自理。

中华人民共和国高等教育部

1957 年 2 月 19 日

(西安交通大学档案馆馆藏档案 1957 年永久 12——62 - 64)

上海市人委关于支持交大内迁的最速件

上海市第一商业局：

接交通大学来函略称："我校已决定迁至西安，并自1956年5月份起分批迁往。兹为做好迁校工作和我校今后发展情况，已取得市委同意：凡我校教、职员工的爱人，均随同迁调西安。如其爱人不适于我校工作者，则由中共西安市委另行分配其工作。因干部来我校报到后再随校迁往西安需要一定的时间，为照顾他们生活需要，请各单位预支其一个月的工资，并将被调人员之全部档案材料速寄来我校，以便事先及早研究安排他们的工作"等。为了协助该校做好迁校工作，请你处根据交大所提出之要求速予处理；至于档案材料，可由你处直接寄去交通大学人事处。现将名单附上，请按时介绍前来我处报到为荷。

上海市人民委员会人事处

1956年5月4日

（上海市档案馆馆藏档案）

中共上海市委关于交大迁校问题给中央的特急电报

中央：

交通大学院系调整时，在原有基础上集中七个学校的机械、电机、造船系科而成的多科性工业大学，老的师资较多，去年春季为考虑国防条件及工业口大学的合理分布，高教部提出交大西迁，我们当时曾建议交大西迁后为上海留一分校，或较大仍留上海而为西北筹设新校，逐步一分为二，兼顾上海、西北。以后决定全部西迁，并即在西安筹建新校，交大原址留给新办的上海造船学院，我们曾经同意，上月在京从事科学规划的专家以交大西迁将影响学生质量、科学研究、特别是培养无线电人才的任务，要求改变部署，停止迁校。我们根据总理、富春同志、高教部的指示，会同交大负责同志就以下三个方案进行具体研究：

(1)交大仍留上海不搬。这一方案的优点是在华东地区可招到水平较高的新生，同时，上海目前电机机械工业生产基础较好，其他高等学校、科学研究机构及图书资料条件也较多较好，可以充分利用原有传统，互相配合发挥潜力，为国家培养人才，发展科学研究事业，亦可支援西北建设新的工业大学。但问题是自交大决定迁校以来，一方面西安校舍已按交大需要设计建筑，今秋已可完成九万平方米，足以容纳一、二年级，明年全部建成可供交大顺利发展之用。另方面，在上海则自去年以来即停建各项专业实验室及其他房屋，现在重新建筑，也需一、二年，在时间上所受损失已与西迁相等或更大。同时上海造船学院已定今秋开学，若交大不搬，则该院及交大今秋增招的数千学生无法容纳。

(2)交大仍按原定计划迁西安。这一方案的优点是：从长远看，对西北工业基地的建设及交大本身的发展，都比较有利。其次是交大今后将办工程物理专业，可与西北其他学校的原子物理专业相互配合。再次是可以避免改变部署所引起的一系列实际工作的困难。其缺点即是在西北地区高中水平还较差，高等学校与科学研究机构较少，在短时期内，将对学生质量与科学研究工作有不利影响。但若在统一招生中仍多招一部分华东区学生，加之西北科学机构与新式工业的建设，这些缺点可得补救。但上海无一电机机械类大学，仍是一个缺点。

(3)我们在权衡了以上两个方案的利弊以后，认为在目前条件下较好的办法是：交大仍按原计划西迁，即自今年开始，由交大负责为上海筹建一所新的电机机械类大学。这一方案的优点是：可以充分运用交大条件配合西北工业基地建设，交大也可得良好发展条件，而上海仍得适当兼顾；上海新校逐年建设，在交大方面可以从容输送师资，在上海方面又可以逐年完成基建筹备；同时，从筹建一所新校的任务来看，上海的困难也比西北小。当然在交大迁走，上海新校未完全建成之前，在上海的培养人才、科学研究、配合工业生产等方面还会有些脱节，但三、四年内也可逐步弥补这一缺点。在这一方案内也曾考虑另一办法，即不另建一新校，而将上海造船学院予以扩大，改为多科性的工业大学，包括机械电机类专业。这一方案的优点是建校比较容易，但缺点是造船学院本身发展规模已定为7500人，若再加上新任务，势将超过万人，规模太大，性质太杂，造船与其他系科领导系统有不同，很难办好，还是以另办一校为好。

如中央同意在上海创办一个工科学院的方案，则我们的具体意见是：

(1)上海新校可定名为："上海机电学院"(或其他名称)，设机械制造工艺金属切削机床工具、铸工、金属热处理、涡轮机、锅炉、发电厂配电网、电机与电器、有线电讯、无线电工学等3个系、9个专业。发展规模日、夜校各4000人。为充分利用上海条件，减少脱节，今年即开始招生1000人，暂在造船学院内上课。由造船学院与交大共同负责，以后师资由交大逐年配备，并请高教部指定浙江大学与南京工学院予适当支援。其中涡轮机、锅炉专业师资尚需哈尔滨工业大学支持。

交大原有筹建3所新校的任务，这个即作为第一所，并为交大增配新助教，但今后交大为新校配备师资时，应采取新老搭配方法，即配一些骨干。

(2)请将这所新校列入国家计划与预算，并请由高教部即成立新校的领导机构及规定今年的招生任务，通知招生委员会。

至于新校校舍，以利用交大原址为宜，交大原址本不够上海造船学院应用。造船学院不如根本迁至江南造船厂附近建校，这对以后工作将有莫大方便。因此一机部须为造船学院造新校舍，同时高教部也须为“上海机电学院”筹建专业实验室等。

(3)关于中央科学规划时曾提出的在上海恢复无线电专业，并拟一次招生1000名事，我们意见，由于在1952年院系调整时，上海原有无线电师资大部调至南京工学院，留下的亦纷纷改教其他课程，现有的师资已经不多，因此我们意见，交大电讯系原定今夏调整至成都电讯工程学院的师资，是否可以留下一部分适合担任有线电讯及无线电课程的给新设的“上海机电学院”，南京工学院原定调整至成都的亦可留下部分师资，由各校分担这一任务。把各校无线电师资过多集中在一、二所学校里，对于将来发展不一定有利。此外，我们将在上海设法另觅师资，这方面的专业，上海今年可招生200名。

以上意见是否妥当，请中央考虑决定。

中共上海市委员会

1957年6月27日

(西安交通大学档案馆馆藏档案1955－1956年永久12——26－30)

周恩来总理批准交通大学迁校调整方案的函件

周恩来总理1957年9月5日就批准交通大学迁校调整方案致信高等教育部部长杨秀峰："八月四日高教部报告和九月四日你的来信均阅。关于交通大学解决迁校问题及上海、西安有关学校的调整方案，前已口头同意，现再正式函告批准，请即明令公布，以利进行。"

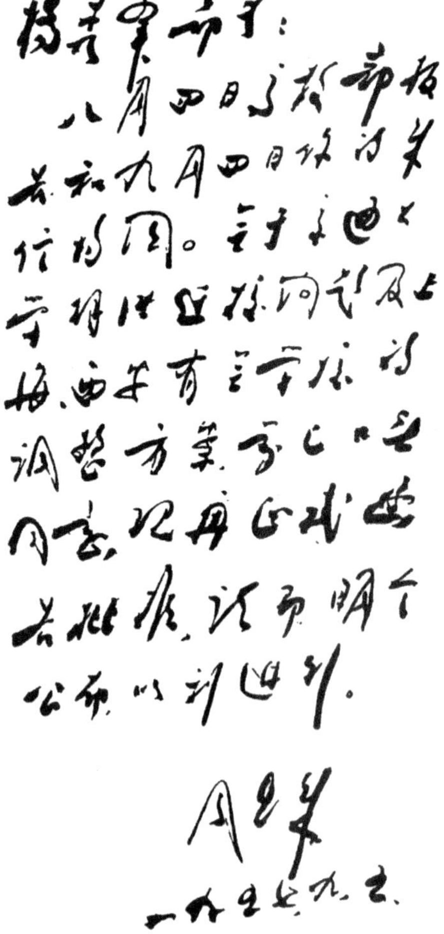

杨秀峰部长：

八月四日高教部报告和九月四日你的来信均阅。关于交通大学解决迁校问题及上海、西安有关学校的调整方案，前已口头同意，现再正式函告批准，请即明令公布，以利进行。

周恩来

一九五七、九、五

（西安交通大学档案馆馆藏档案1959年永久62——17）

国务院关于交通大学迁校问题的批复及高教部的报告

高等教育部：

国务院同意你部 8 月 4 日所报关于交通大学迁校及上海、西安有关学校的调整方案，希即照办。

中华人民共和国国务院

1957 年 9 月 12 日

关于交通大学迁校及上海西安有关学校的调整方案的报告

国务院第二办公室并报

总　理：

一、交通大学解决迁校问题的方案

关于交通大学迁校问题，总理在 6 月 4 日召集各有关部门和有关学校的负责同志讲了话指示了方针以后，高等教育部即根据总理的指示，由杨秀峰部长去上海，刘皑风副部长去西安，在上海市委、陕西省委、西安市委的领导帮助下，由交通大学的彭校长、苏副校长向两个部分的全体师生传达了总理的指示，继续组织深入讨论。

在开始一个阶段，多数教师学生对迁校仍有抵触情绪，上海部分阻力更大，甚至有人认为 1955 年决定西迁都是错误的，否认支援西北工业建设的必要。经通过学校的党、团组织，加强思想工作，展开争论；同时动员社会舆论，召集教师、学生代表座谈，上海柯市长、西安方市长（编者按：指柯庆施、方仲如，均应为市委第一书记）都亲自召集教师座谈，具体介绍西北工业建设的情况，说明支援西北对祖国社会主义工业化的重要意义，分析比较全部西迁、部分西迁和全部回上海对国家、对交大本身的利害得失，承认反对西迁的部分合理的意见，批判了错误的言论，才逐步扭转了上述情况，提高了师生觉悟，分清了是非，肯定了支援西北工业建设是交大义不容辞的任务。

关于迁校具体方案，根据总理指示的瞻前顾后，左顾右盼，四面八方都要考虑到，和既要支援西北，又要实事求是、不太勉强的原则，经各教研组、各系就几个方案反复比较讨论（西安部分校务委员会最后讨论时除个别人有保留意见外，一致认为应该全迁西安，并派代表到上海参加讨论），最后在校务委员会上取得了一致的意见。提出了一个新的方案，其要点如下：

（一）交大分设西安、上海两地，两部分为一个系统，统一领导。两部分根据西北及上海地区的需要，各负担不同的任务。西安部分的任务为：完整地设置机、电方面的主要专业，逐步添设新技术和理科方面的专业，并发展成理工大学；它在提高质量的基础上适当地发展数量。上海部分的任务为：办好机、电各专业，着重提高教学质量。

（二）动力机械系（内燃机制造等）4 个专业全部迁西安，新专业（高电压技术等）及理科专业（应用数学等）7 个专业全部设西安；运起系（电力机车制造等）4 个专业全部留上海，新设热力机械制造、电气仪表二个专业；机械制造系 5 个专业及电机制造和电力系 4 个专业，则在上海和西安两部分都设。三年级学生留在西安。计西安部分连拟新设的专业共 21 个专业，上海部分共 15 个专业。

（三）教职工（主要是教师）的调配以支援西北，保证两地教学质量为原则。根据专业设置的需要并照顾本人自愿，由学校统一调配。

（四）下学年三年级学生，除西安不设专业者外，一律在西安学习。分设两地的专业下学年四年级学生，则按如何有利教学，考虑何时西迁，不强求一律。单设西安或单设上海的专业的学生，原则上应于下学年分别迁往西安或迁回上海。

二、上海造船学院和南洋工学院与交通大学上海部分合并

交通大学迁校方案拟定(订)后，接着研究了上海造船学院、南洋工学院和交通大学上海部分的统筹安排问题。一致同意在上海筹办的南洋工学院撤消(销)，并入交通大学上海部分。上海造船学院则与交通大学采取合作形式，保留校名，但行政上由交通大学统一领导，对外联系工作也统一于交通大学。在交通大学统一领导下，造船学院保留管理教学工作的小院部，处理日常一般教学行政事务。造船方面各专业设备费在批拨交通大学经费中注明，这样交大上海部分连造船各专业，共设 19 个专业。

上述方案，在酝酿过程中曾取得了一机部和电机部领导上的同意。上海市委、陕西省委、西安市委及西安各界人士(曾召开座谈会说明情况，征求意见)也都认为在今天的情况下，这样安排既做到了以最大的可能支援了西北，也照顾了上海的需要，有利于交大内部的团结和充分发挥交大师资力量。是一个较好的处理方案，都表示同意和支持。

三、西北工学院、动力学院、西安航空学院的调整方案

西安地区(包括咸阳)现有交通大学、动力学院、建筑工程学院、航空学院及西北工学院等 5 所高等工业学校。这 5 所学校都是在 1955 年根据当时的国际国内形势、合理布(部)署、加强内地的方针，以及当时的偏高的培干任务，和各个业务部门的积极要求，而决定新建、内迁和改变性质的。西安动力学院于 1956 年成立，设有机械制造、发电、热能动力装置、工业企业电气化、水力机械、水力动力装置、水工结构等 7 个专业。今春由于需要减少和主观条件的困难，已决定工业企业电气化、水力机械及水力动力装置三个专业停办。其余的 4 个专业如果单独办下去仍有 3 个专业和交大重复，既不需要，同时由于师资力量较弱，也不容易办好。西北工学院是在 1955 年根据当时国防工业发展的需要，决定于 1956 年由多科工学院改为军工性质的单科工学院的。该院的纺织、采矿两系，曾经考虑调整出来，另外成立学校，后因培干任务变动也未调整。在今年 2 月间由于国防工业的建设方针有变更，常规武器的生产要大大收缩，决定西北工学院所设的第一、第二两系常规武器方面的 5 个专业停办。因此，这个学校今后的发展前途，需要重新安排。西安航空学院

是去年从南京迁往西安的。现在全国计有北京、西安、南京3个航空学院，根据今后航空工业的发展，培干任务也要大大减少。几所学校需要根据新的情况进行适当分工合理安排。

为了解决上述问题，自2月以来，高教部、二机部、电力部曾派人到西安和陕西省委、西安市委及有关学校进行了反复的磋商和研究，也曾经提出过很多方案，但因各方面矛盾较多，加以交通大学迁校发生问题，迄未得到合理解决。最近交大迁校方案确定后，杨秀峰部长、钱志道部长助理（二机部）、程明升部长助理（电力部）又在西安和陕西省委、西安市委以及有关学校继续进行研究。根据(1)国家工业建设、国防工业的发展和西北地区建设的需要；(2)各个学校合理分工、所设专业尽量避免重复；(3)充分发挥各校现有力量，有利于集中力量提高质量等原则，提出了几个方案（西工在现有基础上调整重复专业后单独办；西工与动力合并；动力学院部分并西工、部分并交大）进行比较研究，最后提出了一个新的方案，要点如下：

（一）西安动力学院全部并入交通大学西安部分。

（二）西北工学院除采矿、纺织两系外，全部与西安航空学院合并，成立一所综合性的国防工业大学，定名为“西北工业大学”。

（三）西北工学院的纺织、采矿（包括地质）两系及西北农学院的水利土壤改良专业并入交大西安部分。为了照顾西北地区建设的需要，今后这几个系应大力加强。

这个方案明确了各校的发展方向，专业的安排尽可能地避免了重复，也比较合理，可以大量节省设备投资，特别是集中了师资力量，有利于提高教学质量。

这个方案经过反复讨论、仔细研究后，第二机械部、电力部、陕西省委、西安市委都一致同意。西北工学院院务会议已一致通过，西安动力学院和西安航空学院（最后讨论的）院务会议也已通过决议表示同意。大家一致认为在目前情况下，这是一个比较合理的方案。这个方案如获批准，拟即组织西北工业大学筹委会和交大、动力、西工（纺织、采矿两系）合作委员会，负责筹备及调整中的一切有关事宜。

兹将“交通大学解决迁校问题的方案”、“高等教育部、第二机械工业部关于西北工学院和西安航空学院的方向和专业安排问题和意见”、“西安动力学院院务委员会对我院前（西）迁问题讨论的意见”各一份附上，请审核、批准。以便遵照执行。

高等教育部

1957年8月4日

（西安交通大学档案馆馆藏档案1957年永久23——44－45）

高等教育部、第一机械工业部关于交通大学迁校及与上海造船学院、南洋工学院合并问题的批复

上海市高教局、陕西高教局、交通大学、上海造船学院：

交通大学本年7月29日“为呈报迁校方案批准”的报告及附件，上海造船学院7月18日船院办(57)字第41号“关于本院和交大合作办校的方案”均悉。关于交通大学校务委员会通过的交大分设西安、上海两地，以及经各有关方面研究提出的上海造船学院、南洋工学院与交通大学上海部分合作、合并的方案，经我部与有关方面研究，都认为这一方案既贯彻了国家加强内地，以最大的可能支援了西北工业建设的方针，也照顾了上海的需要；有利于交通大学内部的团结，也可以充分发挥交通大学现有的师资力量；在上海方面既可解决当前在基建方面的矛盾，也有利于今后提高质量。因此，各有关机关都一致表示同意。并经高教部呈报国务院审批，现国务院已于本年9月12日以文习字第110号批复，正式批准，同意上述方案。现就有关的问题批复如下：

(一)关于迁校方案，西安、上海两部分的任务及专业设置：

1.交通大学分设西安、上海两地，两部分为一个系统，统一领导。

2.两部分根据西北及上海地区的需要，各负担不同的任务。西安部分的任务为：较完整地设置机电方面的主要专业，根据需要增设新技术及理科方面的专业，并适当设置西北地区所需要的其他专业。今后应在提高质量的基础上适当发展数量。上海部分的任务为：办好机电及造船方面的专业，着重提高教学质量。

3.交通大学现有专业，根据西北及上海的需要，分别设在西安、上海或两个部分都设。西安部分除原有专业，另将西安动力学院全部，西北

工学院的采矿、纺织及新设立的地质专业，以及西北农学院的水利土壤改良专业调入交通大学(这些调整另有决定)。交通大学西安部分1957年暑假后的专业设置为：(1)机制工艺及金属切削机床及工具，(2)铸造工艺及机器，(3)金属压力加工及机器，(4)焊接工艺及设备，(5)金属学及热处理车间设备，(6)内燃机制造，(7)涡轮机制造，(8)锅炉制造，(9)冷却机和压缩机及装置，(10)热能动力装置，(11)电机与电器，(12)电气绝缘与电缆技术，(13)发电厂电力网及电力系统，(14)工业企业电气化，(15)高电压技术，(16)无线电技术，(17)水工结构，(18)水利土壤改良，(19)矿区开采，(20)矿产地质和勘探，(21)纺织工程，(22)应用数学，(23)工程力学。交通大学上海部分1957年暑假后的专业设置为：(1)机制工艺、金属切削机床及工具，(2)铸造工艺及机器，(3)金属压力加工及机器，(4)焊接工艺及设备，(5)金属学及热处理车间设备，(6)热力机械制造，(7)内燃机车制造，(8)蒸气(汽)机车制造，(9)车辆制造，(10)起重运输机制造，(11)电气机车制造，(12)电机与电器，(13)电气绝缘与电缆技术，(14)发电厂电力网及电力系统，(15)船舶电气设备，(16)船舶制造，(17)船舶蒸气(汽)发动机及装置，(18)船舶内燃发动机用装置，(19)造船工业经济与组织。交通大学西安及上海两部分今后的专业设置及最大发展规模俟第二个五年计划培干任务确定后，另行统一研究规定。

4.今年暑假后设在西安的专业一、二、三年级学生全部在西安上课，仅在上海设置而西安不设的专业一、二、三年级学生全部在上海上课，西安、上海都设的专业，上海部分自今年开始招生，四年级学生在何处上课，何时搬迁，由学校根据有利于教学的原则自行决定。

(二)关于交通大学与上海造船学院的合作：

上海造船学院和交通大学采取合作形式进行工作，办好学校。上海造船学院校名保留，但在行政上由交通大学统一领导，对外联系工作也统一于交通大学。在交通大学统一领导下，造船学院保留管理教学工作的小院部，处理日常一般教学行政事务。造船方面各专业的设备费，高教部在批拨交通大学经费时加以注明。

(三)关于教职工及图书、设备的调配：

1.西安、上海两地教师、行政干部及工人的调配应根据积极支援西北，保证两地教学质量的精神，按下列原则办理：(1)全部迁西安的专业，教职工原则上应全部调往西安。(2)长期在西安或上海工作的以自愿为原则，但如果没有特殊原因必须留在上海，而西安又需要的，应尽量说服动员其去西安工作；有特殊困难的给以照顾。(3)短期在西安或上海工作的，以根据需要由学校统一调配为原则。

2.图书设备的调配，应尽量兼顾两地需要，但由于目前西安部分教学任务较重，而西安部分目前校内外的具体条件暂时困难较多，因此，两地如有矛盾，应优先照顾西安部分的需要。

(四)关于财务及基建工作的安排：

1.第一机械工业部核定的上海造船学院(包括南洋工学院，以下同)今年度的全年全部预算，通过财政部划转高教部预算以增列交通大学的年度预算(南洋工学院筹备处转去的100余人9至12月份工资由高教部另外增加预算)。第三季度计算年终决算等统一由交通大学编报高教部。在一机部的上海造船学院今年第一、二季计算，批准的年度预算及有关的财务案卷由一机部全部移交高教部。

2.一机部今年已经拨给上海造船学院的经费和基建拨款(包括已核销计算的拨款)由一机部检同拨款申请书或拨款的有关书据经由财政部与高教部办理转账，并由高教部抵批交通大学的拨款。

3.由上海高教局垫付南洋工学院筹备处的经费，除1至8月份的工资，附加工资及有关消耗性的维持经费，仍由上海高教局列入预算核销，购置固定资产性质的设备费(一般设备和教学设备)的垫款(包括已用未用部分)由上海高教局和原南洋工学院筹备处的主管人员核对清楚，双方签证列单报送高教部在增加交通大学的上海造船学院预算中扣抵转账。

4.一机部代上海造船学院订购的国内外设备，订货到货时的付款由一机部直接与交通大学结算。

5.上海造船学院所有财产(包括设备和物资)由交通大学统一管理，调配使用。

6.关于基本建设工作，统一由交通大学负责安排(包括上海造船学院)，并希抓紧对西安部分1957年基建计划的及时完成。1958年基建计划建议数以及上海、西安两部分现有校舍情况表(预计至1957年底止可以完工使用的房屋)希即列表报我部。

第一机械工业部　　高等教育部

1957年9月13日

抄送:陕西省人民委员会、西安市人民委员会、上海市人民委员会、中共陕西省委、中共西安市委、中共上海市委、财政部、中国人民建设银行总行。

(西安交通大学档案馆馆藏档案1957年永久01——18-22)

第二机械工业部、高等教育部、电力工业部关于西安地区高等工业学校布(部)署以及成立西北工业大学问题的批复

陕西高教局、西北工学院、西安航空学院、西安动力学院、交通大学、西北农学院：

陕西省高教局(57)高教研字第0187号报告及有关附件，以及西北工学院"关于西北工学院和西安航空学院的方向和专业安排问题的意见的决议"，西安航空学院"关于我院与西北工学院合并成综合性的国防工业大学的决议"，西安动力学院7月6日关于该院前途问题讨论的意见，均悉。

关于交通大学大部分继续迁往西安的方案，以及西北工学院、西安航空学院、动力学院等高等工业学院调整的方案，经高教部与各有关方面研究讨论，认为在目前条件下是合理的，可行的，均一致同意。并经高教部呈报国务院审批，现国务院已于本年9月12日以文习字第110号批复，正式批准，同意上述调整方案。

现就执行方案中的有关问题批复如下：

一、西北工学院原系多科性工学院。解放以后，在党和政府的领导下，按照学习苏联先进经验和中国实际相结合的教育方针，积极进行了教学改革；学校的规模日益扩大，教学质量不断提高，为国家培养了很多具有一定质量的建设干部，取得了很大的成绩。另一方面，在1952年的院系调整中，对其他新建的兄弟学校给予了很大的支援。1956年根据国家建设的需要和高等学校的统一布(部)署，西工改变为国防性质的学校，负担了新的任务，同时将石油、土木、水利、电机等系分别调往其他新建的学校。所有这些对国家的高等教育的改造和发展都是很大的贡献。

西安航空学院系解放以后成立的新学校，几年来在教学改革，培养新生力量和提高教学质量方面都有很大的成绩。1956年根据国家合理

布(部)署加强内地的方针，从南京迁往西安，对支援西北地区国防工业的建设有重要的意义。

西安动力学院在成立到现在的一年中，全校教职员工积极努力，辛勤劳动，完成了初创时期的艰巨任务，在教学工作中也取得了一定的成绩。

现在由于国家的培干任务有所改变，故决定对西北工学院、西安航空学院及西安动力学院加以调整。(1)西安动力学院撤销，全部并入交通大学西安部分；(2)西北工学院除采矿、纺织及计划成立的地质专业外，全部与西安航空学院合并，成立西北工业大学；(3)西北工学院现有的采矿、纺织及新成立的地质专业以及西北农学院的水利土壤改良专业调入交通大学西安部分。这个方案既有利于克服和解决当前的困难和矛盾，也有利于集中力量提高质量，同时也使得西安地区高等工业学校的布(部)署比较合理。各个学校经过这次调整后，都将走上一个新的发展阶段，各个学校所有的教职员工及学生都应当继承和发扬过去的优良传统和作风，在新调整的学校中努力作好团结工作，相互学习，取长补短，积极努力克服困难，迎接新的任务，为国家的社会主义建设事业作出更多的贡献。

二、西北工学院和西安航空学院合并成立一所综合性的国防工业大学，定名为“西北工业大学”，由第二机械工业部负责直接管理。西北工业大学今后的专业设置及发展规模俟第二个五年计划培干任务最后确定后，再根据学校条件及要求，统一安排确定。

三、由于西北工业大学系国防工业性质的学校，为了便于领导并照顾到各个专业之间的联系以资互相配合，所以西北工学院的采矿、纺织及新设的地质专业决定调入交通大学；西北农学院的水利土壤改良专业因系工科性质，且绝大部分课程与现在西安动力学院的水工结构专业相同，为了便于配合以利于提高质量，因而也决定调入交通大学。上述四个专业都与西北地区的建设有密切关系，今后应逐步加强，交通大学应负责办好，以满足地方的需要。

四、关于教职员工学生及图书设备的调整，按下列原则办理：

1. 西北工学院的纺织、采矿及新设的地质专业，西北农学院的水利土壤改良专业的专业师资，教学辅助人员，系的行政干部，学生以及图书设备原则上全部随同专业并入交通大学。

2.西安动力学院全部教师，教学辅助人员，行政干部，学生及所有的固定资产原则上都并入交通大学。多余的行政干部请电力工业部、陕西省委、西安市委帮助安排处理。

3.西北工学院除纺织、采矿、地质专业以外的教师、教学辅助人员、行政干部及学生以及所有固定资产，全部与西安航空学院合并。多余行政干部由第二机械部并请陕西省委、西安市委帮助安排处理。

五、西北工业大学的校址确定在西安航空学院现址。原西北工学院师生逐步自咸阳迁往西安。迁往西安的具体时间由高教部、二机部及学校另行研究决定。在未能全部迁往西安以前，应设法利用西北工学院现在的校舍。

六、关于财务工作按下列办法办理：

1.西安动力学院电力部核定今年全年的全部预算，由电力部通过财政部划转高教部以增列交通大学的今年预算。电力部今年已经拨给西安动力学院的各项经费（包括经费核销的第一、二季度计算数），由电力部检同该院拨款申请书或有关拨款的书据，经由财政部与高教部办理转账，已核销存案的第一、二季度计算批准的年度预算及有关今年财务方面的案卷，亦应一并移交高教部。第三季度计算年终决算等统一由交通大学编报高教部。西安动力学院所有的房屋、设备、物资等由交通大学统一管理调配使用，电力部批准编制名额以内的现有的教职员工亦统一由交通大学调动安排。西安动力学院的今年土木建筑工程由交通大学统一安排，并将已完工程及变动原计划的情况报告高教部。

2.西北工学院、西北农学院调整至交通大学各系的财务关系，按下列办法办理：

（1）工资及附加工资计算的补助工资、职工福利费，按实有调出的教职工人数实际支付的工资计算。其余的定额经费按调出学生人数按定额计算，但教学设备费（包括图书费以下同）及一般设备费按下条办法办理。不按定额计算的各种专款，如原来已有分配数字的，按分配数划转未开支部分；原来没有分配的，只将未开支部分与调出系协商一个分配数划转。

（2）教学设备与一般设备应按定额与专款一并计算，如经费在调出学校已经开支了的，仅将未开支部分划转，已购置的设备连同旧有设备，属于调出系专用(包括家具)的全部带走，不是专用的双方协商解决；学生必需的学习和生活用家具，按调出学生数带走，带走的具体数字由双方协商，经费没有动用的也可划转经费，但调出学校对调出学生须按新生定额计算。

(3)库存实验材料已经作为预算支出报销了的，调出系专用的应无价带走；未作预算支出报销的，应折价转让。

(4)应该划转的经费均自9月份算起，由学校双方核算清楚，包括调出教职工及学生人数列表签章上报原校主管机关经由财政部办理划转手续。已经开支的经费仍由原校在主管机关核定的预算内报销。

3. 调整院系中调入交通大学部分必须开支的包装、搬运及旅运费统一由交通大学编列预算开支，有的学校已经垫付的这些开支，迳与交通大学结算。

七、为了组织领导进行西北工业大学的筹备工作及原西北工学院、动力学院、西北农学院有关专业的调整合并工作；前已批复陕西高教局同意分别组成"西北工业大学筹委会"及"交通大学、动力学院、西北工学院、西北农学院四校合作委员会"。筹备及调整合并工作结束后，西北工业大学应即正式成立；同时西北工学院、西安航空学院、西安动力学院校名即行撤销。西北工业大学的印信另行颁发。

高等教育部　　　　第二机械工业部　　　　电力工业部

1957年9月13日

抄致：中共陕西省委、中共西安市委、陕西省人民委员会、西安市人民委员会、财政部、中国人民建设银行总行。

(西安交通大学档案馆馆藏档案1957年永久29——78-84)

中共中央关于在高等学校中指定一批重点学校的决定

（1959 年 3 月 22 日）

（一）高等教育的发展，是我国所极为需要的。但是，在目前师资不足、设备不全、学生来源不多的情况下，高等教育的大发展，可能招致高等教育质量的降低。为了既能发展高等教育，又能防止平均使用力量，招致高等教育质量的普遍降低，和为了便于将来逐步提高高等教育的质量起见，从现有的比较有基础的高等学校中，指定少数学校，从现在起就采取措施，着重提高教育质量，是必要的。为此，指定下列十六个高等学校为全国重点学校：

北京大学	清华大学	北京工业学院
中国人民大学	天津大学	北京航空学院
复旦大学	上海交通大学	北京农业大学
中国科学技术大学	西安交通大学	北京医学院
上海第一医学院	华东师范大学	北京师范大学
哈尔滨工业大学		

（二）上列学校，从现在起，即应着重提高质量，非经中央同意不得再扩大学校规模，不得增加在校学生数目和增设科系。在招生时，应保证新生具有较好的政治条件、文化水平和健康条件。在办学中仍应遵守精简机构和勤俭办学的原则，不得铺张浪费。

（三）上列重点学校，必须招收和认真培养研究生，适当地担负高等学校教师进修的任务，同其他学校交换教材、交流教学经验等等，以这些方式为提高全国高等教育的质量服务。

（四）上列重点学校，其领导关系照旧不变。

（五）重点高等学校的名单，供内部掌握，不公开宣布。

附教育部党组关于十六个重点高等学校的专业设置、招生名额及发展规模的意见(简表)

校　名	专业个数	每年本科招生数	本科最大规模(研究部在外)
中国人民大学	13	1400	4300
北京大学	45	2000	10000
复旦大学	23	1200	6000
中国科学技术大学	38	1400	7000
清华大学	40	2200	11000
天津大学	34	1800	9000
哈尔滨工业大学	35	1800	9000
上海交大	31	1600	8000
西安交大	29	1600	8000
北京工业学院	28	1410	7000
北京航空学院	30	1320	6600
北京农业大学	16	770	3800
北京医学院	5	570	3400
上海第一医学院	3	570	3400
北京师范大学	11	1400	7000
华东师范大学	11	1200	4800

注:某些院校和某些院校所设尖端专业,需要适当延长学习年限,如果延长,各院校的最大规模也要相应地改变。

(西安交通大学档案馆馆藏档案 1959 年永久 39——11－12)

国务院关于交通大学上海、西安两个部分分别独立成校的批复及教育部的报告

教育部：

6 月 2 日报告悉。同意你部关于交通大学上海、西安两个部分分别独立成为上海交通大学和西安交通大学以及两校分设后若干具体问题的处理意见，即可照办。

中华人民共和国国务院

1959 年 7 月 31 日

抄：中共中央宣传部、国务院二办。

关于交通大学上海、西安两个部分分别独立成为两个学校的报告

国务院第二办公室并报

总　理：

1956 年经中央批准交通大学迁往西安。嗣于 1957 年。根据交通大学内部的实际情况及当时上海、西安两地的需要，报经国务院批准对该校迁往西安的具体方案作了调整，决定交通大学的大部分专业及师生迁往西安，作为交通大学的西安部分；小部分留在上海并与原上海造船学院及筹办中的南洋工学院合并，作为交通大学的上海部分；西安及上海两个部分在行政上仍实行统一管理。根据当时的情况，作为一个过渡

办法，这样处理是完全必要的。

两年来交通大学西安、上海两个部分在专业设置和师资设备的调整方面，已初步就绪，并且都有了很大的发展和提高。自去年将两个部分分别下放给上海市和陕西省管理后，由于两个部分规模都很大，距离又远，行政上再实行统一管理，有许多不便之处。特别是考虑到今后两个部分都已确定为全国重点学校，培养干部的任务都很重，长此下去，对工作是不利的。

为此，我们拟将交通大学西安及上海两个部分从现在起分别独立成为两个学校。上海部分改称上海交通大学，西安部分改称西安交通大学。原交通大学校长彭康同志改任西安交通大学校长，上海交通大学请中央另派校长。

以上意见，经与上海市委、陕西省委商量，都表示同意。

两校的专业设置、每年本科招生人数及发展规模都按中央批转的教育部党组关于16个重点高等学校的专业设置、招生名额及发展规模的意见办理。

两校师资的调剂，按迁校时所商定的原则办理。目前西安交通大学在师资及高年级学生方面，应予上海交通大学以适当的支援。具体办法，另由教育部与上海市委、陕西省委及两校负责同志协商解决。

两校教学设备的分配，现在西安及已经确定调往西安的属于西安交通大学，原在上海及后来确定留在上海的属于上海交通大学。

两校分设后，由于历史关系及两校的专业设置有许多相同，仍应继续保持密切协作、相互支援的关系，以达到共同提高的目的。

以上意见，是否妥当，请批示。

教育部

1959年6月2日

抄报：中央文教小组

中央宣传部

（西安交通大学档案馆馆藏档案1959年永久62——1－3）

国家教委关于重新转发《国务院关于交通大学上海、西安分别成立为上海交通大学和西安交通大学的批复》的通知

上海交通大学、西安交通大学：

交通大学原名南洋公学，1896 年创建于上海，1921 年定名为交通大学，1956 年，为了适应形势和社会主义建设布局需要，国务院决定交通大学迁往西安。1957 年，国务院根据当时交通大学内部实际情况和上海、西安两地的需要，决定交通大学分设上海、西安两部分，实行统一领导。之后，大部分系、专业和师生陆续迁至西安。1959 年，国务院决定将交通大学上海、西安两部分分别独立成为两所学校，上海部分定名为上海交通大学，西安部分定名为西安交通大学。

几年来，在一些同志有关历史的讲话，文字中，出现了不准确，不严密，不完全和疏漏的表述，造成了不良的影响，这是不应该的。为防止今后继续出现与史实不符的情况，现重新转发《国务院关于交通大学上海、西安两个部分分别独立成为上海交通大学和西安交通大学的批复》，望引起有关单位部门的注意和重视，今后关于交通大学和上海交通大学的关系，交通大学和西安交通大学的关系，上海交通大学和西安交通大学的关系的表述均应以此文件为准。

附件：《国务院关于交通大学上海、西安两部分分别独立成为上海交大和西安交大的批复》(1959 年 7 月 31 日)

国家教育委员会

一九九六年十月八日

抄报：中共中央办公厅，国务院办公厅

抄送：有关新闻单位

转发教育部关于交通大学上海、西安两个部分分别独立成为上海交大和西安交大以及若干具体问题的处理意见的函

交通大学：

兹将“教育部关于交通大学上海、西安两个部分分别独立成为上海交大和西安交大以及若干具体问题的处理意见”转发你校，希即遵照执行。

陕西省高等教育局

1959年8月27日

附抄原件内容：

……（以上部分与教育部6月2日报告相同，略）

两校分设后的若干具体问题和今后继续加强协作问题，我部于7月底邀请了上海市委教育卫生科学部、陕西省高教局及交通大学上海、西安两部分的同志座谈，经双方协商，取得一致意见如下：

（一）现在两校的师资，进行适当调整后，原则上不再调动。由于原上海交大机电方面的师资大部分已调到西安，为了适当解决上海交大当前教学上的需要，西安交大除前已调回上海交大的师资外，决定再抽调18位教师回上海交大任教，其中朱麟五等15位教师于今年暑期去上海，孟侃和李鹏兴两位教师分别于1960年2月和1961年2月去上海，朱公谨教师待应用数学专业第一届毕业生毕业后去上海。

（二）两校学生，原在上海部分的属上海交大，原在西安部分的属西安交大。上海市提出抽调西安交大机、电两系部分高年级学生回上海交大的问题经研究，一致认为目前如将五年级学生分两地上课，在师资设备上都有困难，不利于提高教学质量。因此，该两系五年级学生仍以全

部留在西安交大学习较为合适，鉴于近两年内上海交大机、电两系没有毕业生，上海市需要这方面的干部和师资，建议国家计委在统一分配高等学校机、电两系的毕业生时，在可能条件下，给上海市以适当照顾。

（三）两校分设后，为了继续保持协作关系，以达到共同提高的目的，经商订在以下几个方面密切合作，相互支援：

①视工作需要，凡两校相同的专业，继续加强合作，必要时，可派学生到对方借读，派教师到对方进修或短期讲学，交流教学经验和教学资料等。

②凡两校共同需要的图书资料，讲义教材以及采购、制造仪器设备等，有必要时，可共同协商互相支援。

③两校经常交换科学技术情报资料，对有关重大的科学研究项目，可组织合作。

④两校教职员，因事到上海或西安时，可以相互照顾，给予方便。以上各项，希即通知两校按照执行。

陕西省高等教育局

1959 年 8 月 27 日

（西安交通大学档案馆馆藏档案 1959 年永久 62——5－9）

交通大学西迁

部署和实施方案

交通大学校务委员会关于迁校问题的决议

一、中华人民共和国国务院根据我国在社会主义建设中，国民经济、特别是工业分布和发展速度，对文教事业要做新的安排。在新的安排中，同时也考虑到国防的因素。因此，决定我校迁往西安，并在两年内基本上完成迁校任务，我们一直认为国务院的这个决定是正确的。

二、这一迁校的决定，我们必须坚决执行，并保证顺利完成。但我们必须充分估计到在进行中可能遇到的困难。为此，我们必须坚决动员全体师生员工正确的接受国务院的这个决定，要有全局观点和克服困难的精神，充分发挥在工作中的积极性和主动性，为顺利完成迁校任务而努力！

三、在迁校工作中，我们要考虑到尽可能减少对教学工作的影响；估计到在一定的时间内，基本建设任务可能完成的程度；并做到尽量节省搬迁费用等因素。故我们决定：1955 年和 1956 年入学班以及该等班级的教师和相当的职工，于 1956 学年度起在西安新址进行教学；其余的师生员工，于 1957 年暑假前基本上完成搬迁任务。

四、按迁校计划完成基本建设任务，是决定完成迁校任务的关键。因此，全体同志必须关心和重视这项工作。我们除了组织校内的一切可能组织的力量来完成这项任务外，并要大力争取校外有关单位的协助。在节约的原则下，力求按迁校计划来逐年完成基本建设任务。

五、迁校工作，是一件艰巨而复杂的工作。为了顺利完成迁校任务，为了减少在搬迁中对教学工作的影响以及在可能范围内照顾到师生员工的生活福利等问题，就必须对上述问题作周密的、细致的部署和安排。为此，在校务委员会下组织“交通大学迁校委员会”，专门研究与处理迁校中各项问题，以便更好地、顺利地完成迁校任务。

交通大学校务委员会

1955 年 5 月 25 日

（西安交通大学档案馆馆藏档案 1955 年永久 17——02）

交通大学迁校方案

（1955 年 11 月）

一、序言

为适应国家经济建设及文化建设的需要，我校经国务院决定于一九五五至一九五七两学年中分批迁往西安。在第一个五年计划中明确指出，高等工业学校过分地集中沿海，与工业规划和国防要求不相适应，应加以合理部署。同时，在第一个五年计划中，西安的经济建设将有很大发展，需要有相应的文化建设。因之，我校的迁校是有着重要的政治意义。而且由于与工业基地靠拢，更能使理论与实际密切联系。

在短期内，将近万人的学校迁移，是存在着困难的。首先，复杂、繁重的搬迁工作不能影响教学与肃反任务。我们必须克服这些困难，做到“迁校、教学、肃反”三不误。其次，存在着在工作方法、生活习惯与新地区的环境条件不相适应的矛盾。例如，在上海工业历史悠久，随时可添置器材，但西安就比较困难，至于生活习惯的不同，也必然会有些不方便，这都必须预先做好思想准备。

由于全校师生员工的热烈拥护，有党和政府的正确领导，迁校任务必然能够顺利完成。为更好地做好迁校工作，必须注意掌握下列几个问题：

（一）树立艰苦奋斗、服从计划，为国家社会主义工业化服务的精神。克服一切困难防止单纯依赖国家照顾，增加国家负担。同时，在可能范围内，对教职工同志在迁校中的困难予以适当的照顾。

（二）贯彻精简节约精神，应注意尽可能减少搬迁中的浪费、损失，做到“安全无损”的运输。

（三）加强工作计划性，做到“全面安排、充分准备”，以达到“教学、肃反、迁校”三不误的目的。兹按上述精神计划具体工作如下。

二、任务

在 1955—1957 两学年内，分批将全校师生员工、器材设备无损失、安全地迁往西安（其中电讯工程系迁往成都），并保证自 1956 年起开始在西安招生，以及准时地按教学计划进行教学。其具体任务如下：

（一）计迁移教师 632 人，学生 2812 人，职员约 390 人，工人约 450 人。分三批进行，其约数列表如下：

批数 类别	第一批 1955—1956 学年暑假	第二批 1956—1957 学年寒假	第三批 1956—1957 学年暑假
教师	约 212 人	约 9 人	约 411 人
学生	约 1756 人		约 1056 人
职员	约 190 人		约 200 人
工友	约 250 人		约 200 人

（二）计迁移 6 个系，42 个教研室，24 个实验室，列表如下：

序号	第一批	第二批	第三批
(1)	马列主义教研室中马列主义基础及中国革命史两部分	机械原理及其实验室	马列主义教研室其余教师
			体育教研室其余教师
(2)	俄文		电工原理教研室其余教师
(3)	体育的大部分		金属工学教研室其余教师
(4)	数学		热工教研室其余教师
(5)	物理及物理实验室		机械系全部教师及实验室
(6)	化学及化学实验室		动力机械系全部教师及实验室
(7)	画法几何与制图		运起系全部教师及实验室
(8)	理论力学		电力工程系全部教师及实验室
(9)	电工原理教研室及实验室的一半		电制系全部教师及实验室
(10)	金属工学教研室的大部分及实验室		机械零件全部教师及实验室
(11)	材料力学及材料力学实验室		
(12)	热工教研室的小部分教师		
(13)	电讯系全部教师及实验室		

三、搬迁的日期、步骤及工作进程

（一）日期：（略）

（二）步骤：

按迁移工作情况的估计，大致可分为四个步骤。第一步为计划，为保证搬迁的顺利，必须及早具体的计划，预作准备，减少困难。第二步为装箱及不需装箱物件的起运包扎工作，为不致临时匆促，造成损失，应于订好计划后，立即开展这一步准备工作。第三步为迁运。包括报道、编队等工作。第四步为安装，即到达以后，进行安排，准备开学。

（三）工作进程：（略）

四、迁校中的宣传工作

（一）迁校工作是一件重大而复杂的工作，必须动员全体人员，共同进行上项工作。为此，应加强宣传教育工作。宣传工作的内容为：第一、迁校的重大意义；第二、提高警惕，防止敌人破坏；第三、本计划序言中所提出的三项注意；第四、西安新址建设的情况及西安的具体环境；第五、对外宣传，扩大社会影响。

（二）宣传的方法如下：第一、向师生员工报告，并动员全体人员向家属、亲友宣传；第二、结合学校经常工作，并通过各级组织随时进行宣传，及时解决存在的思想问题；第三、充分利用现有的宣传工具，如校刊、黑板报、广播台等。

五、实验室的搬迁工作

搬迁实验室的中心问题是如何保证仪器设备“安全、无损”。为此，须进行下列工作：

（一）各有关实验室，必须订好搬迁计划。计划中必须具体的说明分批装箱的批数、件数（那些可不装箱的，也要预先确定），随设备先迁的工作人员，并应于搬迁前四个月，适当减轻这些人员工作。为使装箱工作做好，必须按上述进度进行逐步装箱，防止在临行前集中进行，以免产生混乱。第二批及第三批计划应分别于12月底、明年6月底订好。

（二）总务科会同仪器设备科于10月底、11月初组织部分工作人员及部分实验室人员，向捷克展览会学习“安全无损”运输的装箱办法。

（三）仪器设备科应于12月底会同总务科订出仪器装箱搬运办法及

装箱单。

（四）教务处应组织一部分工作人员，于1月底前往西安具体了解西安教学物资供应情况，并进行筹划下学年一、二年级的开学工作。

（五）仪器设备科应将留造船学院的设备，于11月份确定公布。

六、迁校中的人事工作

人事处应负责迁校中的组织工作，以及解决有关人事的具体问题，其具体工作如下：

（一）人事处应慎重的研究并拟定职工第一批迁西安的名单，组织并配合1956—1957学年西安本校的办事机构。名单应于12月底公布，以保证有足够时间准备。

（二）对年老力衰的教职员工应慎重研究，妥善安置。人事处应拟定出具体方案。

（三）携带家属应以直系亲属为限。有特殊原因，如旁系亲属无依靠，必须携带经审查确实者，可以照顾。爱人工作调动问题应及时调查，与有关部门联系，应尽可能做到与搬迁同时调动，并应妥为安插工作。以上工作应于10月底完成调查工作。

（四）留造船学院的师资，应于12月份决定。

（五）人事处应于12月份会同总务处制定迁校路费及困难补助方法，并尽早进行上述工作。

（六）人事处应抽专人负责出发的组织工作。

七、迁校中的总务工作

总务处在迁校中主要解决装箱、搬运、宿舍分配等问题，并会同有关部门进行迁校后的安装工作，保证及时上课。具体工作如下：

（一）组织装箱小组，首先应学习与研究各种装箱办法，各项工作于寒假前完成。其次，应根据各实验室的计划，编配分批装箱工作计划，保证于上面规定时间内装箱完毕。

（二）搬运工作方面，首先应负责与铁路局洽商起运方法，并签订合同，此项工作应于11月底完成。其次，应组织专门小组负责旅途服务，包括卫生、茶水供应等。

（三）总务科应对私人家具的搬迁问题，妥善研究，规定办法，原则上在生活需要范围内的家具尽量运输，使教职工在搬迁中不致受到贱卖的损失。为此，于1月份调查统计第一批搬迁人员需迁私人家具数量，预作准备。同时，于寒假前订出家具租借办法，预作准备。

（四）为做好安装工作及接待工作，总务处应组织先遣小组，分卫生及总务二方面。卫生先遣人员，应先行成立医疗室并与当地卫生机构取得联系，以防长途旅行后可能发生的疾病，并应备好西安环境卫生工作。总务先遣人员，与当地机关取得联系，做好抵达后的接待事项，及做好安装准备工作。

八、迁校后生活福利工作的组织

在西安新的环境下，必须做好相应的生活福利工作，在可能范围内，给教职工以照顾和方便。主要应解决子女入学、婴孩保育、采购蔬菜与日用品三项问题。应由工会负责主办及督促这方面工作的进行，人事处及总务处应负责协助将有关问题解决，其具体工作如下：

（一）于3月份派遣专人赴西安联系子女入中学问题。

（二）筹备哺乳室、托儿所、幼儿园、完全小学。目前逐步建立各该单位的组织招聘与调配适宜的干部。并应于1956年9月1日开学。

（三）筹备西安教职员工公共食堂，公共食堂应容纳家属包饭。公共食堂筹备工作应于2月份开始，有关人员必须于6月初抵达西安。在第一批中实验室人员抵达时即应开始供应。以上工作由总务处与西安当地机关联系、接洽。

（四）筹备西安新址的合作社，应包括食品蔬菜部、百货部、洗衣部、理发室。上述单位人员，应于6月初抵达西安，在第一批中实验室人员抵达时应开始营业。其中食品蔬菜部、百货部由总务处与西安当地机关联系接洽。

（五）上述各项工作均应由11月份由工会会同人事、总务两处订出专门计划。关于有关器材的购置，技术人员的招聘或训练，经费的解决。均应由人事处、总务处配合工会，切实负责解决。

九、与迁校有关的招生工作

1956年的招生工作为本校在新址的第一届招生工作，同时也是本校向全国招生的开始，必须切实做好。具体工作如下：

（一）组织招生小组，分别赴有关考区工作，西安的招生小组即留西安负责筹备新生接待工作。教务处应负责于2月中提出招生工作计划及招生小组组织办法，由人事处负责配合各小组。西安招生小组应随同总务先遣小组前往西安。

（二）应加强新生接待工作，由迁往西安的各单位负责。由校长委托专人负责组织，于到达西安后即行筹备。争取新生在8月15日左右到校。

十、迁校工作的组织

整个迁校任务，由各部门按职责负责完成，不另设专门机构。各单位均应按照本计划，切实订出本部门的迁校具体工作计划，批准按照执行，保证迁校任务的完成。总务处即日起抽调专门人员，开始专门办理迁校有关工作。其他单位亦应将各项工作指定专人负责。

在旅途中，应设立指挥部，负责组织出发，并指挥旅行，保证安全。指挥部于6月初成立，下设服务组、组织组、文娱组，分别由总务处、人事处、工会派人参加。

（西安交通大学档案馆馆藏档案1957年永久12——34-44）

交通大学迁校委员会及党委迁校工作领导小组

交通大学迁校委员会

（1955 年 9 月 24 日）

主 任 委 员： 陈石英

副主任委员： 陈大燮　任梦林

委　　　员： 万　钧　林　星　赵富鑫　孙成璠　张景贤

洪致育　张钟俊　钟兆琳　祖振铨　于珍甫

交通大学党委迁校工作领导小组

组　　长： 苏　庄

成　　员： 邓旭初　任梦林

交通大学迁校办公室

主　　任： 邓旭初

副 主 任： 周志诚　祖振铨　王敏颐　刘桂祥

工作人员： 周淑玉　王玉璋　李　冰　郑殿英　韩起凤

陈钦德(兼秘书)

（西安交通大学档案馆馆藏档案 1955 年永久 17——8）

交通大学迁校办公室组织条例

（1955年11月）

一、为在迁校期间进一步加强对迁校工作的领导，密切各单位的相互联系和配合，统一安排、调度迁校工作，有效而及时地解决迁校工作中的各种重大问题，胜利而有秩序地完成迁校任务，特根据校务委员会“关于1956—1957学年第二学期工作任务的决定”，设立迁校办公室。

二、迁校办公室系在迁校期间协助校长和校常务委员会领导迁校工作、主要任务：

1.就有关统一安排，调度学校迁校工作及迁校工作中重大问题提出意见和措施，草拟全校性的迁校工作计划及有关迁校工作的各项规章制度。

2.了解迁校工作情况，并督促、检查协助各单位迁校工作计划的执行。召开各有关人员会议，交流迁校工作经验，商讨有关迁校工作的各种重大问题。

3.协助各单位解决迁校工作中的各种重大问题。

三、迁校办公室有主任一人、副主任及工作人员各若干人组成。各处、系、工会如有必要亦可成立迁校工作组，或指定专人协助处长、系主任等对迁校工作的领导。迁校办公室与各迁校工作组或各个指定专人系指导关系，各处、系讨论和迁散有关全处 、系迁校工作会议，得通知迁校办公室，以便派员列席。

迁校办公室的组成成员为，主任：邓旭初。副主任：周志诚、祖振铨、王敏颐、刘桂祥。工作人员：周淑玉、王玉璋、李冰、郑殿英、韩起凤、陈钦德（兼秘书）。

四、根据工作需要、迁校办公室主任、副主任每周举行一次碰头会议，工作人员每周集体办公几小时。为争取领导及时解决问题，除迁校办公室主任得随时向校长汇报请示外，迁校办公室每月需向校常务委员会汇报工作一次至两次；各迁校工作组或各个指定专人得随时向处长、系主任等汇报请示外，每月向迁校办公室汇报工作一次。

五、本条例经校常务委员会通过后执行、修正同。

彭康校长关于迁校中的调爱等问题给杨秀峰部长的信

杨部长：

我校内迁西安，牵涉到二百多个干部、教师、工人的爱人工作转移问题，必须妥善解决。经与上海市委学校工作部联系，根据支援交大内迁的原则，由交大党委会向市委写了这份报告，请市委帮助解决，兹抄送一份给你，请考虑是否有必要由部党组转报中央组织部、宣传部给以支持。

为了动员内迁，遵照你的指示，寒假期间曾组织了一个西北参观团（包括教师、职员、工人、学生及家属代表共 33 人），回来之后，写了报告，登在校刊上（已寄部 5 份），做了传达，收到很好的效果。但教师中（主要是基础课——特别是化学、数学、体育等教研组），仍有相当部分表示坚决不去，其中家属扯腿比较严重。我们遵照你的指示，对确有困难者，主动加以照顾外，其他还是要坚决动员去，估计个别的教研组（特别是化学，17 人中有 11 人表示不去），问题还是比较大的，希望部里在分配师资时，特别加以支持。参观团同志对西安新建的标准宿舍，特别是合用便所意见比较大，前次王亦山同志来部已当面向你汇报，希望部里给以解决。其他如部里不准交大在西安办员工小学等具体问题，不久交大另派专人来向主管司面谈不赘。

以上意见，是否妥当，请指示。

此致

布礼

彭康

1956 年 3 月 7 日

交通大学有关迁校工作的若干具体问题的规定

一、动员教职工去西安的思想政治工作，除学校统一进行一般的迁校宣传动员外，对具体人的动员工作，分别由各处、系、教研组组织负责进行，有关单位配合。

二、凡教职工因有不能克服困难，必须主动照顾者、教授、副教授、教研组正副主任、实验室正副主任、讲师、科长(或相当于科长的干部)，各处系专职秘书等由各处、系提出意见，送人事处转校长批准，其他人员概由各处、系负责人决定，送人事处有关科备案。属于主动照顾的教学人员，需与校外单位调换，由各系(不属于各系的教研组的教师由教务处)自行联系，由人事处审查并办理手续。

三、各处、系所属人员分批去西安日期，由各处、系负责人决定，并通知教务处、人事处、总务处及迁校办公室。

四、迁校中我校工作人员之在职爱人(已婚)工作的安插问题，有关情况由各处系协助了解，提出安排意见，由职工科集中向有关单位交涉。

五、迁校中的人力调配，属于各处系范围以内者由各处系负责人决定，属于校内各部门之间相互支援者，由有关单位自行洽商解决；洽商无法解决者，报人事处有关科解决；需校外支援者，处系提出具体条件，由人事处有关科负责联系解决。

六、教职工在迁校期间的奖惩，按规定办理(具体奖惩条例另订)。

七、迁校中机器的迁运日期，由系排定，送安装工程处统一安排，机器设备的拆卸装箱迁运工作，由系与总务处配合进行，拆卸养护由教研组指导运输、技工为主进行，打包装箱，搬运由总务处为主进行，必要时应有教师指导，某些精密设备的押运，应由教研组实验室负责。

八、迁校中的安装工作，由系负责进行。安装工程处会同总务处负指导调度协助之责。

九、教职工安家费及棉衣补助费的审核批准，按规定办理。

十、迁校中的安全保卫工作，除由治保会组织进行外，各单位对所属人员、设备、文件及档案，亦应采取必要的措施，以保证安全。

十一、迁校期间，教职工请假问题，各处系可根据必需与可能的原则，自行安排，请假一月以内者，由处系负责人批准，送人事处有关科备案（教务长、系主任、处长的请假需经校长批准）。

1957 年 2 月 21 日

交通大学1957年迁校工作的安排

一、总的步骤：

四月份以前迁校工作重点为思想动员及各项准备工作，五月至八月为迁运时期，七月份以前迁校工作重点为教学设备的迁运，七月份以后迁校工作重点转为一般设备，家具和人员的迁运。各单位如有部分设备和人员需要提前或延后迁运，得及早与有关部门联系，以便统一安排。

二、各项工作的安排：

（一）宣传动员工作：

1. 三月下旬召开三年级学生大会，要做好大会前后的酝酿和讨论工作。

2. 三月底以前，宣传部制订本学期每期校刊宣传的重点纲要，并做好有关人员今后写稿的联系和组织工作。

3. 四月中旬召开工会会员大会，各单位、各组织要做好大会前的酝酿准备工作。

4. 四月中旬以后，除一般宣传教育外，各单位继续深入而细致地做好个别人员或少数人员的思想动员工作。

（二）迁运工作：

1. 四月上旬以前，各处、系制订好或修订好迁校工作计划，安装工程处统一排好仪器设备的拆卸、装箱、搬运和安装等具体日程表。

2. 四月中旬以前，各处系做好下列各项工作：(1)向有关人员进行教学设备的拆卸、装箱、搬运、安装等技术指导、训练工作；(2)做好教学设备的清点整理工作(结合安装设计、施工的技术资料)；(3)各教研组做好图书清点整理工作；(4)做好安装、保养、装箱的材料准备工作。

3. 七月份以前原则上完成教学设备的迁运工作，但各单位可根据迁到西安后的下学期教学工作的需要和基本建设的进度，做适当的安排。

(三)总务工作:

1.三月中旬以前制订好各项规定。

2.五月中旬以前排好全校教学设备、一般设备、家俱(具)和人员的迁运具体日程表。

3.六月中旬以前,做好安家费等审核和发放工作。

4.八月廿日以前,一般设备、家俱(具)和人员的迁运工作基本上完成。

(四)人事工作:

1.四月上旬以前,做好教职工的在职爱人情况的调查工作;五月底以前,接洽好到西安后教职工的在职爱人的工作安置。

2.四月底以前,确定本校迁西安后的组织机构和编制,六月中旬以前,按照所确定的机构和编制,做好人员的安排工作。

3.六月底以前,工会做好教职工的子女转学的事先接洽工作。

三、几个主要的会议日程:

1.三月份学生会召开三年学生大会,内容为有关迁校的思想动员工作。

2.三月下旬:召开有关人员会议,讨论有关勤俭办校,克服困难及迁校工作等问题。

3.四月中旬:工会召开全体会员大会,内容为有关迁校的思想动员工作。

4.七月中旬:召开有关人员会议,研究在沪成立机构,办理九月份以后的有关迁运工作及其他各项工作。

交通大学上报高等教育部解决迁校问题的方案

高等教育部：

交通大学全体师生员工根据周总理报告精神，并结合本校具体情况，广泛而深入地进行迁校问题的讨论，并在此基础，校务委员会于本月4日召开扩大会议，讨论迁校问题，并一致通过了这个方案（有本校西安部分教研组主任等14人参加，杨部长在通过了这个方案后的会议上作了指示），现呈报你部批准。

交通大学

1957年7月29日

交通大学解决迁校问题的方案

甲、办法：

在全校师生员工关于迁校问题的讨论中认为，根据社会主义合理布局的原则，以及社会主义建设的需要，西北地区需要一所规模较大、质量较高的多科性工业大学，支援西北建设的任务是交大所义不容辞的。同时，在讨论中也考虑到迁校时的一些困难。为使交大充分发挥作用，既满足西北建设的需要，又照顾到上海的需要，为此，采取下列方针：

1. 交大分设西安、上海两地，两部分为一个系统，统一领导。

2. 两部分根据西北及上海地区的要求，各负担不同的任务。西安部分任务为：完整地设置机、电方面的主要专业，逐步添设新技术和理科方面的专业，并发展成理工大学，它在提高教学质量基础上，适当照顾数量。上海部分任务为办好机、电等各专业，着重提高教学质量。

附注：为使同一地区专业设置合理化，建议高教部考虑交大与有关兄弟学校统筹安排。

乙、专业设置：

一、专业设置的原则：

1.新专业及理科专业设在西安。

2.机、电方面主要专业，西北需要的专业以及上述专业有密切关系的专业，设在西安。

3.适当照顾上海的需要，与结合学校的具体情况，在上海设置机、电方面的若干专业。

4.高教部按统筹安排的原则调整到交大的专业，各按原所在地区，分别设入两部分。

二、西安、上海设置的专业：

1.西安部分：

机械制造工艺、金属切削机床及工具

铸造工艺及机器

金属压力加工及机器

焊接工艺及机器

金属学及热处理车间设备

内燃机制造

涡轮机制造

锅炉制造

压缩机及冷却机制造

热能动力装置

电机与电器

电气绝缘与电缆技术

发电厂输电网及其联合系统

工业企业电气化

高电压技术

无线电技术

数学及计算仪器

自动学及远动学

应用数学

应用物理
工程力学

2. 上海部分：
机械制造工艺、金属切削机床及工具
铸造工艺及机器
金属压力加工及机器
焊接工艺及机器
金属学及热处理车间设备
热力机械制造
热力机车制造
车辆制造
起重运输机械制造
电机与电器
电气绝缘与电缆技术
发电厂输电网及其联合系统
工业企业电气化
电气仪表

附件一：教职工、学生及图书、设备调配原则

甲、教职工：

教职工调配以支援西北保证两地教学质量为原则，具体办法如下：

1. 长期在西安或上海任职以自愿为原则。

2. 短期在西安或上海任职以统一调配为原则（运起系教师应支援西安的基础技术课程）。

3. 全部迁西安的专业，其教职工原则上应全部调往西安。

乙、学生：

1. 下学年三年级学生，除西安不设专业者外，一律留在西安学习。

2. 分设两地的专业，其下学年四年级学生，为考虑到目前专业教研

组分成两套将造成教学上的困难，应以在西安毕业为相宜。但可以考虑暑期后立刻迁往、寒假时迁往或下学年暑期迁往的不同办法。如确有不可克服的困难，则不强求一律迁往西安，但应首先保证西安的教学质量。单设西安的专业，原则上应于下学年内迁往。

3.仅在上海设立的专业，其在西安的学生原则上应尽早全部迁回上海。

丙、苏联专家：

1.新到专家除专业不设在西安者外，其余一律在西安工作。

2.原有专家视不同的情况分别安排在西安或上海工作。

丁、图书、设备：

图书设备逐步做到基本上满足两地的需要。目前考虑到近二、三年内西安的专业课教学任务较重，并且西安的具体条件较上海存在暂时的困难，因此，原则上应优先照顾西安需要。图书部分由教务处统一规划办理。设备在教务长领导下各系统筹安排。

附件二：1957年暑期后招生数字

一、西安部分：

专业名称	招生数字
机械制造工艺、金属切削机床及工具	60
铸造工艺及机器	30
金属压力加工及机器	30
焊接工艺及机器	30
金属学及热处理车间设备	30
内燃机制造	40
涡轮机制造	40
锅炉制造	40
压缩机及冷却机制造	45
热能动力装置	60
电机与电器	60
电气绝缘与电缆技术	50
发电厂输电网及其联合系统	60
工业企业电气化	60
高电压技术	30

专业名称	招生数字
无线电技术	90
数学及计算仪器	20
自动学及远动学	20
应用数学	20
应用物理	20
工程力学	20
保留名额给予可能调入的专业	30
总 计	885

二、上海部分:

专业名称	招生数字
机械制造工艺、金属切削机床及工具	60
铸造工艺及机器	30
金属压力加工及机器	30
焊接工艺及机器	30
金属学及热处理车间设备	30
热力机械制造	40
热力机车制造	60
电力机车制造	30
车辆制造	30
起重运输机械制造	30
电机与电器	60
电气绝缘与电缆技术	50
发电厂输电网及其联合系统	40
工业企业电气化	40
电气仪表	30
保留名额给予可能调入的专业	300～450
总 计	890～1040

关于原交大上海部分教职工统一调配的原则

(1957年8月20日校常委会扩大会议通过)

一、按照校务委员会通过的"长期在西安或上海任职以自愿为原则;短期在西安或上海任职以统一调配为原则;全部迁西安的专业,其教职工原则上应全部调往西安"的决议,原交大在上海的教职工均应负有支援西安部分的责任,短期支援的教师应服从组织统一调配。

二、短期在西安任职的期限一般每次定为二年,自到西安报到之日起。

三、各处、系教职工的调配工作由各处、系负责进行,并报教务处(教师)、人事处(教师、职工)备案。

四、有下列条件之一者,经校长批准,可予照顾暂缓支援西安或免予支援西安。

1、因年老体衰,本人不去西安对工作无大影响者;

2、长期生病,在西安又无法治疗并具有公立医院证明者;

3、有特殊困难,无法解决,必须予以照顾者。

五、不服从统一调配者,作自动离职论,并按其情节之轻重,给予行政处分,同时报高教部备案。

六、1955年暑假后分配来校的教师和吸收的教师和职工,原则上应长期在西安工作。

交通大学关于对干部安排调整的意见

（八月廿八日联合委员会扩大会议通过）

一、安排调整原则

1. 在合并前和合并期间各校原有干部暂不外调（除个别特殊情况者外），待合并后统一处理。

2. 按照“交大分设在西安、上海两地，两部分为一个系统，统一领导”的原则：

（1）西安、上海两地的干部应在两地现有干部的基础上进行安排调整。

（2）为了加强两地的统一领导，以下行政负责干部西安、上海应是一个领导：

①领导科学研究部、人事、总务、图书馆的负责人；

②分设西安、上海两地的系主任、教研组主任；

③西安、上海两地业务关系特别密切的科的负责人，如财务科、仪器设备科、教师科等。

（3）关于原交大教职工上海与西安的统一调配问题，按交大常委扩大会议通过的几项原则执行。

3. 干部调配应根据工作需要调配，并应注意精简节约和适当考虑支援校外。

4. 教研组是学术单位，主任不宜过多，分设西安、上海两地的教研组，应考虑到两地都有人负责。

5. 按稳定提高干部的方针政策进行调整，在不影响工作需要的条件下适当照顾个人志愿，对不适合学校工作的干部应作必要调整。对临时负责一个单位工作，但职务尚未明确的干部应根据其表现，认真审查确定。

6. 调配干部中应注意加强系的干部配备，以加强系的工作。

二、安排调整的办法

1.教研组主任、科长由各系、处负责人会同人事处提出名单，教研组主任由人事处与教务处商量后报校长批准(由教务处领导的公共课程教研组，由教务处提名)。

2.一般干部由各系、处负责调整，向人事处备案。

3.必需在校内统一调整的干部，由人事处商同有关部门进行。

4.外调干部各系、处按条件提名，人事处审报。

5.多余干部的处理办法另定。

6.在安排调整干部中各系、处应注意全面掌握了解干部情况与要求，并加强思想教育。

三、日程

1.教研组主任、科长的安排，各系、处在八月卅日前提出名单。

2.九月八日前确定编制，十日前提出干部名单。

3.去西安的干部在九月五日前提出名单。

交通大学校委会、系委会、学术委员会组织简则

（1957年12月28日）

校委会组织简则

一、交通大学分设西安、上海两地，统一领导；学校既要贯彻二部分的统一领导，又要因地制宜及时地解决问题。为此交通大学应设立全校的交通大学校务委员会（简称校委会），并在西安及上海分别设立交通大学西安、上海部分校务委员会（简称西安、上海校委会）。

二、校务委员会。

1.校务委员会的工作任务是贯彻党和政府的方针、政策、指示；讨论并通过全校性的长期工作规划、学年计划及工作总结；讨论并决定全校性的关于政治思想工作、教学工作、科研工作等重大问题；按照规定任免学校的教学干部与行政干部；决定其他重大问题。

2.校务委员会的委员为正、副校长、科学研究部主任、图书馆馆长、人事处处长、总务长、各系主任（包括基础课教学部主任）、西安部分与上海部分的党委专职书记、业余大学部主任、工会主席、团委书记。此外，西安、上海两部分分别在教师中以系为单位（上海基础课教学部与西安教务处各作为一个单位）五个教研组以下选举一人，六个教研组以上选举二人为校务委员会委员。

3.校长为校务委员会主席，校委会决议由校长公布施行。校长意见不一致时得提交校委会复议或报告高等教育部决定。

4.校委会每年举行一次至二次会议，轮流在上海、西安两地举行。

三、西安、上海部分校务委员会。

1.西安、上海部分校务委员会的工作任务是贯彻党和政府的方针、政策、指示；贯彻校务委员会的工作计划与决议；讨论并通过西安、上海部分的学年工作计划及工作总结；讨论并决定西安、上海部分的关于政治思想工作、教学工作、科研工作等重大问题；通过西安、上海部分的财

务计划；按照规定任免教学干部与行政干部及决定教师的升等；决定其他重大问题。但其决议和决定不得与校务委员会的决议和决定相抵触。

2.西安、上海部分校委会的委员为正、副校长（正、副院长，船院，上海）；在西安、上海部分工作的教务长、科学研究部主任、图书馆馆长、人事处长、总务长、各系主任、基础课教学部主任（上海）（如正职在西安部分，则上海部分由副职为委员，如正职在上海部分，则西安部分由副职为委员）。西安、上海部分的党委正、副书记、校长办公室主任、业余大学部主任、工会主席、民主党政负责人、团委书记。此外以系为单位（上海基础课教学部与西安教务处为一个单位），在教师中选举若干人为委员，教研组在五个以下选举一人，六个以上选举二人。

3.校长为二部分校务委员会主席，校长缺席时由副校长主持会议。西安、上海部分校委会的决议由校长公布施行。校长意见如不一致时，得提交复议或提交全校校委会讨论或报告高等教育部决定。

4.西安、上海部分校委会设常务委员会，常务委员会的组成分别由西安、上海部分校委会自行决定。西安、上海部分委员会根据工作需要得设立各种委员会，如学术委员会、教学法委员会、图书馆委员会等。

西安、上海部分校委会每学期举行二次至三次会议。

四、校委会委员及西安、上海部分校委会委员如因工作调动或其他原因不再继续担任委员时应按本简则的规定补充。校委会的委员及西安、上海部分校委会的委员确定后由校长公布。

五、校委会及西安、上海部分校委会举行会议时如有必要得邀请有关人员列席或举行扩大会议。

系务委员会组织简则（修正草案）

一、本校各系系务委员会的工作任务为：贯彻党和政府的方针、政策、指示；贯彻校务委员会及西安、上海部分校务委员会的决议讨论并通过系的工作计划与工作总结；讨论决定本系政治思想工作、教学工作、科学研究工作、学生工作、研究生工作等重大问题；按照规定对教师学术水平进行鉴定，通过教师升等的建议；按照规定通过对本系教职工的奖惩及学生的奖惩；决定系内的其他重大问题。

二、系务委员会的委员为：正副系主任、系主任助理、党总支书记、各教研组主任（教研组如分设二地，一地由副主任参加）、工会部门委员会主席、教师团总支书记。此外在教师中选举2～5人为委员。

三、系主任为系务委员会主席。系主任不在时由副系主任主持会议。系务委员会决议由系主任组织执行。系务委员会的决议不得与校委会及西安、上海部分校委会的决议相抵触。系主任意见不一致时，提交复议或报告校长决定。

四、系务委员会应讨论教研组工作，加强对教研组的领导。各教研组根据条件建立3～7人的核心小组，教研组主任为负责人，处理教研组内的重大工作。核心小组名单由系务委员会通过，报校长批准。

五、系务委员会不设常务委员会。在系务委员会不开会时得由正副系主任、党总支书记及有关人员举行办公会议处理系内重大工作。

系务委员会委员如因工作调动或其他原因不再继续担任委员时按本简则规定补足。

系务委员会每学期举行二次至三次会议。

学术委员会组织简则(修正草案)

一、交通大学西安、上海部分学术委员会在交通大学西安、上海部分校务委员会及校长领导下进行工作。

二、学术委员会的任务为：

1.研讨和审查我校教学科研的方向及计划；贯彻百家争鸣的方针。

2.讨论或审查有相当水平的科学研究报告。

3.鉴定教师的学术水平，向校委会提出教师升等的建议。

4.讨论和研究校长提交的其他事项。

三、学术委员会委员名额为17至23人，由各系及有关教学单位提名，经校常委会协商平衡确定候选名单，以系为单位组织教师选举产生后由校长任命。

学术委员会设主任一人，副主任1至3人，由校委会在委员中遴选，校长任命。

四、学术委员会每学期召开一次至三次会议。

交通大学

机构设置与西迁教职工名录

中共交通大学委员会

（上海市委学校工作部 1956 年 4 月 12 日批复）

书　　记：彭　康

副 书 记：邓旭初

党委常委：彭　康　苏　庄　邓旭初　林　星　杨　文　祖振铨
　　　　　吴镇东

委　　员：彭　康　苏　庄　邓旭初　林　星　杨　文　祖振铨
　　　　　吴镇东　王　宣　陈文键　陶　钟　徐士民　宗慎元
　　　　　潘　季　于晶荣　胡保生　任梦林　曹洪谟

交通大学校长、副校长

校　长：彭　康

副校长：陈石英
　　　　程孝刚　陈大燮　田鸿宾
　　　　（此三人系国务院 1958 年 3 月任命）

交通大学西安分党委

（西安市委 1956 年 8 月 15 日批准）

书　记：苏　庄

副书记：杨　文

委　员：苏　庄　杨　文　任梦林　王　宣　陈文健　曹鸿谟
　　　　邹理生　于晶莹　郑祖光　罗晋生　王龙泗　刘继宏
　　　　刘德成

中共交通大学西安部分第一届委员会

（1959 年 2 月西安部分第一届党员大会选举产生）

委　员：彭　康　苏　庄　林　星　伊　里　陶健生　任梦林
　　　　刘　选　凌雨轩　杨　文　李　凯　胡保生　吴镇东
　　　　曹洪谟　亓子祥　程润田　张　鸿　王冲达　程迺晋
　　　　邹理生　王敏颐　杨　力　陈文健　陈达时　庄礼庭
　　　　胡俊儒　郑善维　段桂英　宗慎元　孙振天　安乐群
　　　　马　平

常　委：彭　康　苏　庄　林　星　伊　里　陶健生　任梦林
　　　　刘　选　凌雨轩　杨　文

交通大学上海分党委

（上海市委学校工作部 1958 年 6 月）

书　记：彭　康

副书记：胡辛人　邓旭初

常　委：彭　康　胡辛人　邓旭初　吴树琴　朱世亮　胡　也
　　　　雷凤桐

委　员：彭　康　胡辛人　邓旭初　吴树琴　朱世亮　胡　也
　　　　雷凤桐　于帮卿　于骏民　陈　浩　王芳荆　王善庆
　　　　朱万俊　汪蓁子　李士敏　肖凯仪　范祖德　孟树模
　　　　乐清林　胡世基　柴之清　徐纪良　许海涛　张　寿
　　　　张传铭

交通大学、西安动力学院、西北工学院、西北农学院四校合作委员会

（1957 年 7 月）

主任委员：彭　康

副主任委员：苏　庄　安乐群　康　迪　李有山

交通大学西安部分校务委员会

（1958 年 4 月公布）

彭　康	陈石英	苏　庄	程孝刚	陈大燮	田鸿宾	安乐群
刘庆宇	沈尚贤	赵富鑫	伊　里	林　星	任梦林	柳力果
陈光耀	张寰镜	阳含和	朱麟五	张洪瀛	杨世铭	钟兆琳
归绍升	严　晙	蒋国雄	黄席椿	冯慈璋	沈　晋	魏　泽
吕振祥	袁耀庭	胡广韬	侯运广	何慎则	李有山	李辛凯
张　鸿	陆庆乐	吴百诗	王德明	凌雨轩	吴镇东	沈伯参

交通大学西安部分校务委员会常委

（1958 年 4 月公布）

彭　康	苏　庄	陈大燮	田鸿宾	伊　里	林　星	张　鸿
任梦林	沈尚贤	郭振东	王敏颐			

校务委员会主任：彭　康

交通大学西安部分学术委员会

（1958年3月公布）

张寰镜	陈利华	陈学俊	陆振国	陈大燮	钟兆琳	陈季丹
沈尚贤	张钟俊	朱公谨	朱　城	赵富鑫	田鸿宾	蒋咏秋
刘祖典	李有山	侯运广	袁耀庭	孟　侃	贺建崇	凌雨轩

交通大学西安、上海部分各系处负责人

（1957年9月）

教务处

教务长：陈大燮　　副教务长：杨栖 刘庆裕

校长办公室

主任：王耐辛

科学研究部

主任：沈尚贤　　秘书主任：李士敏

图书馆

第一馆长：薛绍清　　第二馆长：赵富鑫　　副馆长：翁为

人事处

第一处长：林星　　第二处长：蔡希锋　　副处长：吴树琴

总务处

总务长：任梦林　　副处长：朱士亮 刘桂祥

一年级办公室

主任：王芳经

机械制造系

主任：周志宏 郑家俊（代）　副主任：陈光耀 夏世安 李泰云 庄礼庭

运输起重机制造系

主任:程孝刚　　副主任:楼鸿棣

船舶制造系

主任:李永庆　　副主任:林宏铨

船舶电力系

主任:李铭慰

电工器材制造系

主任:钟兆琳　　副主任:程福秀 孟庆元 王绍先

电力工程系

主任:桂迺黄 严晙　　副主任:裘益钟 蒋大宗

交通大学西安部分各教研组正副主任

(1957年9月)

(1)公共课程

马列主义教研室主任:凌雨轩 林楷　　副主任:马　平　叶尚思

(2)机械制造系

机械制造工学教研组主任:贝季瑶　　副主任:顾崇衔

金属切削教研组主任:郑兆益　　副主任:阳含和　乐兑谦

金相热处理教研组主任:周志宏(兼)(郑家俊代)

金属压力加工教研组主任:庄礼庭(兼)　　副主任:赵静远

铸工教研组主任:周惠久　　副主任:吴之风

焊接教研组主任:周修齐　　副主任:陈利华

企业组织教研组主任:孙成璠　　副主任:周道本

(3)电工器材制造系

普通电工教研组主任:魏开泛(兼)　　副主任:袁旦庆

电机原理教研组主任:程福秀(兼)魏开泛　副主任:刘友德 胡之光

电器制造教研组主任:蒋公惠 归绍升　　副主任:王哲生

绝缘教研组主任:陈季丹　　副主任:刘耀南

(4)电力工程系

发电厂教研组主任:单基乾　副主任:裘益钟(兼) 樊恒铎

输配电教研组主任:张钟俊　副主任:孙启宏 王祖祐

高压教研组副主任:雷新陶

工业企业电力装备教研组主任:沈尚贤　副主任:黄俊

电气自动装置教研组主任:蒋大宗(兼)

(5)无线电工程系

电工原理教研组主任:林海明　副主任:冯慈璋

(6)水利系

水利结构教研组主任:张海东

土力学及地基基础教研组主任:刘祖典(兼)副主任:李仁炳

工程结构教研组主任:王从兴　副主任:张建和

测景教研组主任:廖淳恩　副主任:杨甚运

施工教研组主任:蒋贵元　副主任:黄元清

水能利用教研组主任:刘农

建筑材料教研组主任:魏泽

水利土壤改良教研组主任:顾乾贞

水力学教研组主任:江宏俊 吕振洋

(7)地质系

普通地质教研组主任:袁耀庭(兼)

岩石教研组代理副主任:张钵

工程地质水文地质教研组代理副主任:胡广韬

(8)纺织系

棉纺教研组主任:赵自立

毛纺教研组主任:王文光

机织教研组主任:李辛凯

(9)工程力学系

机械零件教研组副主任:辛一行

(10)应用数理系

化学教研组副主任:杨祖贻

交通大学西安部分党委机构设置沿革

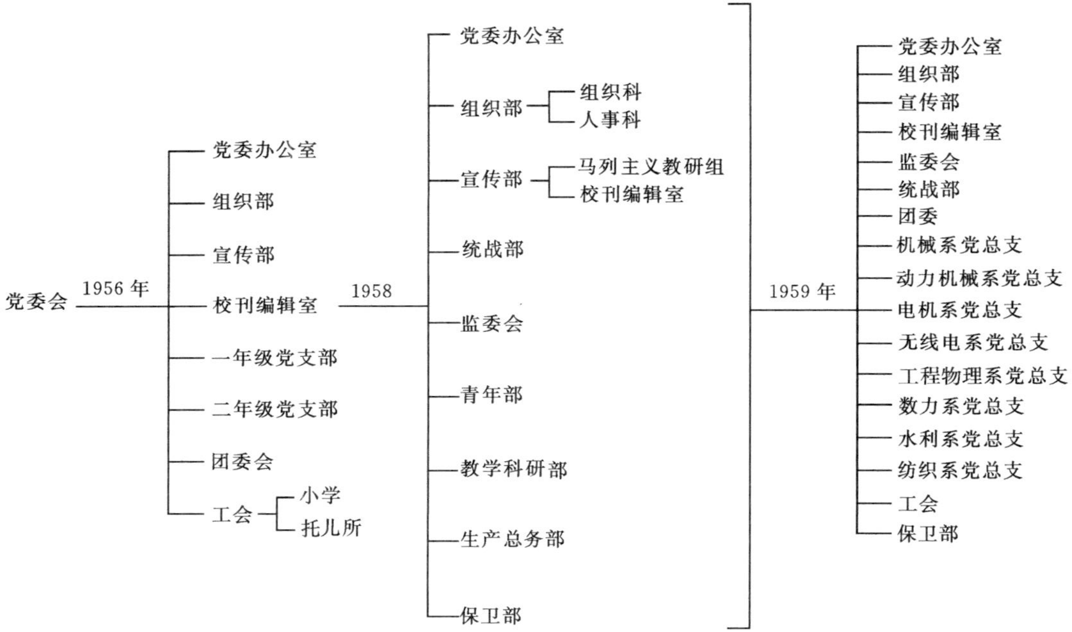

交通大学西安部分行

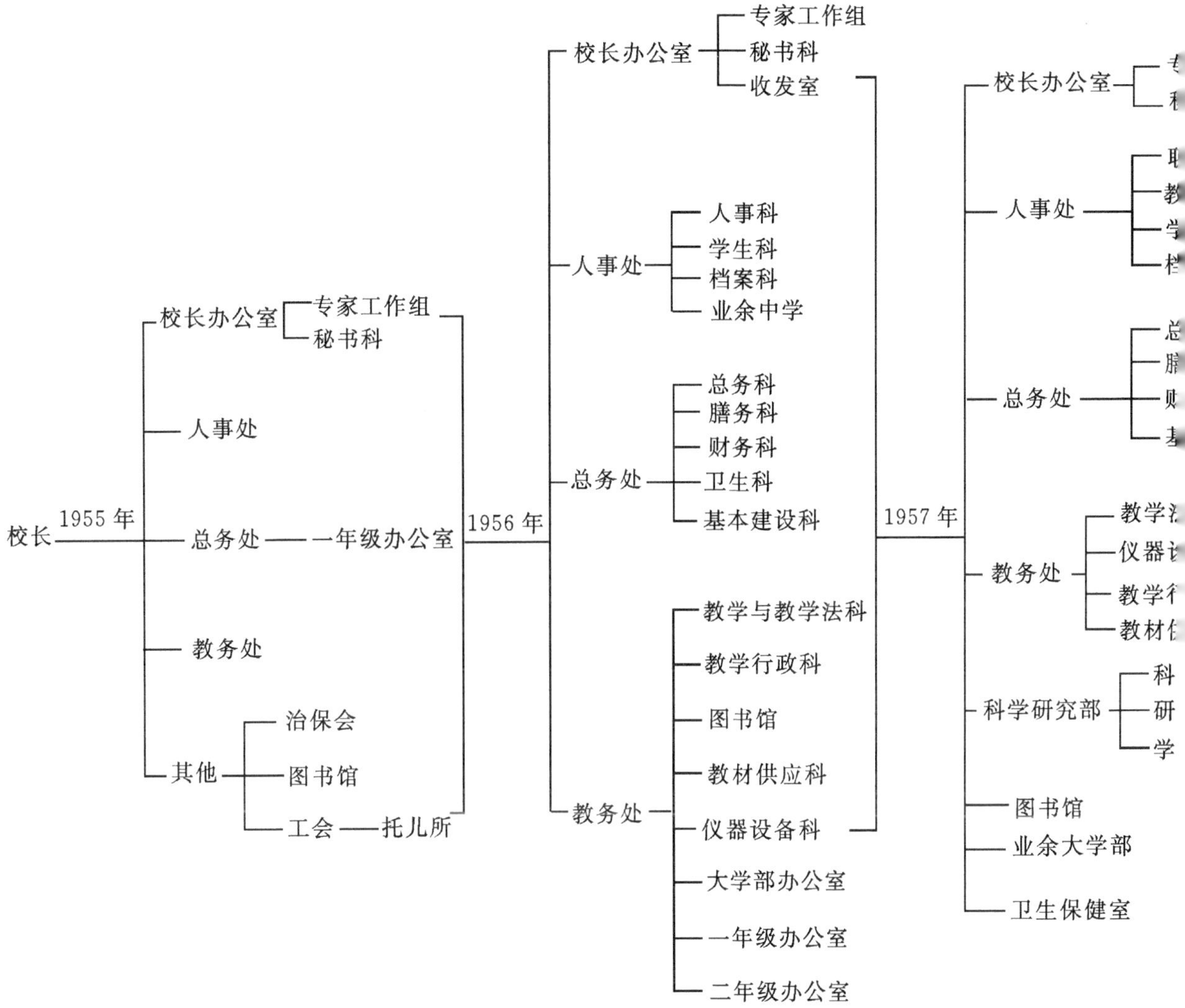

校长
1955 年
校长办公室
专家工作组
秘书科
人事处
总务处
一年级办公室
教务处
其他
治保会
图书馆
工会
托儿所
1956 年
校长办公室
专家工作组
秘书科
收发室
人事处
人事科
学生科
档案科
业余中学
总务处
总务科
膳务科
财务科
卫生科
基本建设科
教务处
教学与教学法科
教学行政科
图书馆
教材供应科
仪器设备科
大学部办公室
一年级办公室
二年级办公室
1957 年
校长办公室
人事处
总务处
教务处
科学研究部
图书馆
业余大学部
卫生保健室

教学单位机构设置沿革

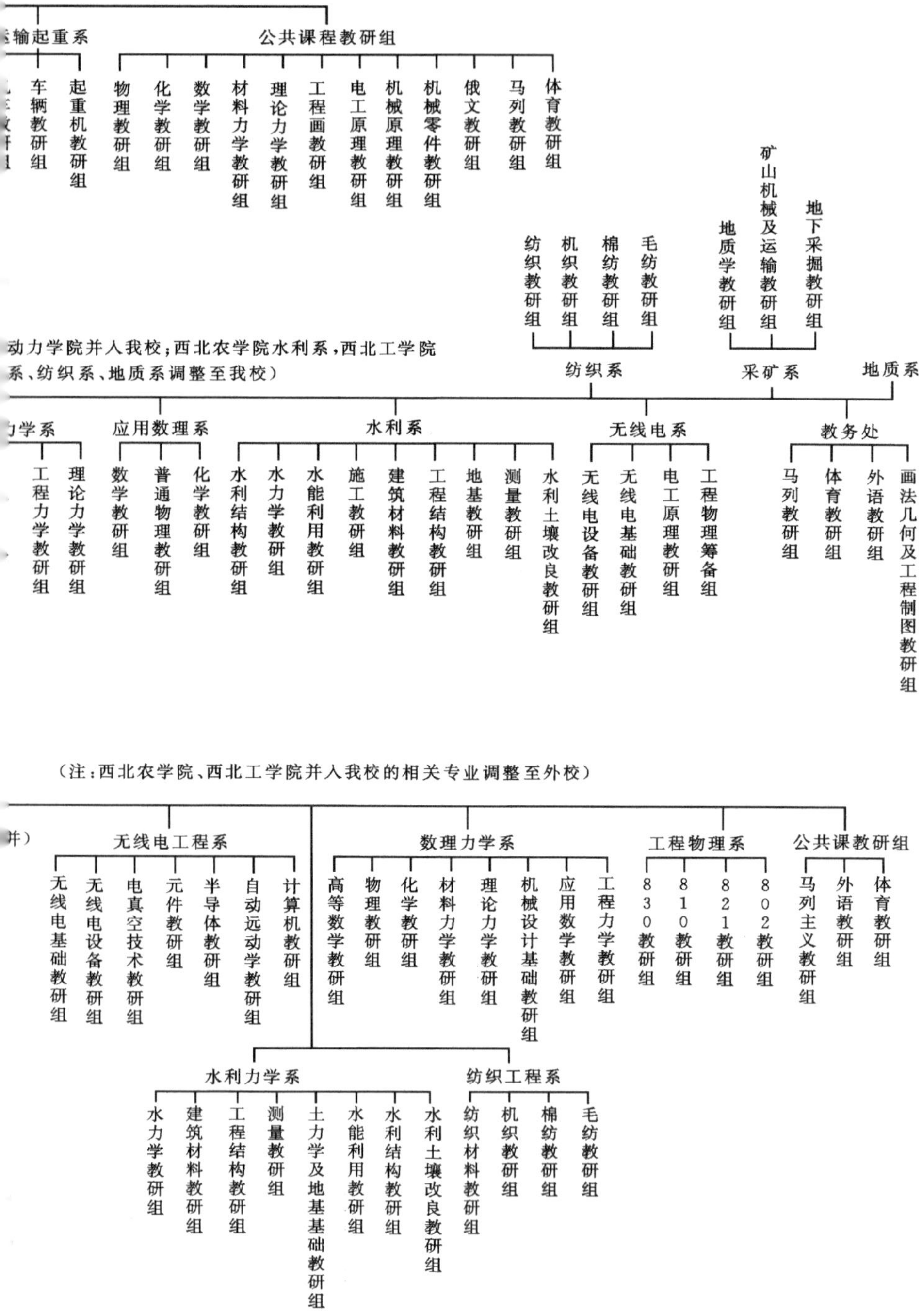
输起重系
车辆教研组
起重机教研组
公共课程教研组
物理教研组
化学教研组
数学教研组
材料力学教研组
理论力学教研组
工程画教研组
电工原理教研组
机械原理教研组
机械零件教研组
俄文教研组
马列教研组
体育教研组
动力学院并入我校;西北农学院水利系,西北工学院
系、纺织系、地质系调整至我校)
纺织系
纺织教研组
机织教研组
棉纺教研组
毛纺教研组
采矿系
地质学教研组
矿山机械及运输教研组
地下采掘教研组
地质系
力学系
工程力学教研组
理论力学教研组
应用数理系
数学教研组
普通物理教研组
化学教研组
水利系
水利结构教研组
水力学教研组
水能利用教研组
施工教研组
建筑材料教研组
工程结构教研组
地基教研组
测量教研组
水利土壤改良教研组
无线电系
无线电设备教研组
无线电基础教研组
电工原理教研组
工程物理筹备组
教务处
马列教研组
体育教研组
外语教研组
画法几何及工程制图教研组
(注:西北农学院、西北工学院并入我校的相关专业调整至外校)
件)
无线电工程系
无线电基础教研组
无线电设备教研组
电真空技术教研组
元件教研组
半导体教研组
自动远动学教研组
计算机教研组
数理力学系
高等数学教研组
物理教研组
化学教研组
材料力学教研组
理论力学教研组
机械设计基础教研组
应用数学教研组
工程力学教研组
工程物理系
830教研组
810教研组
821教研组
802教研组
公共课教研组
马列主义教研组
外语教研组
体育教研组
水利力学系
水力学教研组
建筑材料教研组
工程结构教研组
测量教研组
土力学及地基基础教研组
水能利用教研组
水利结构教研组
水利土壤改良教研组
纺织工程系
纺织材料教研组
机织教研组
棉纺教研组
毛纺教研组

交通大学西安部分教

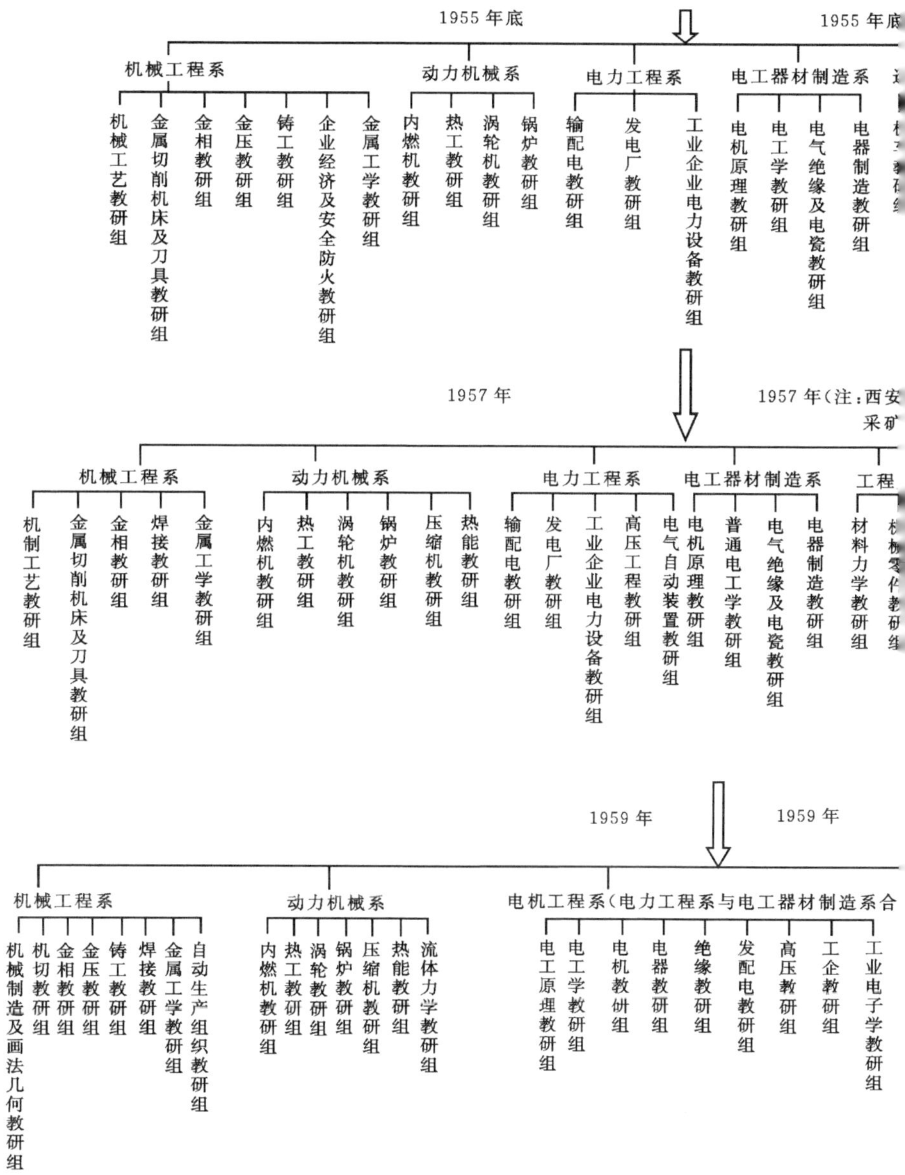

1955 年底
1955 年底
机械工程系
机械工艺教研组
金属切削机床及刀具教研组
金相教研组
金压教研组
铸工教研组
企业经济及安全防火教研组
金属工学教研组
动力机械系
内燃机教研组
热工教研组
涡轮机教研组
锅炉教研组
电力工程系
输配电教研组
发电厂教研组
工业企业电力设备教研组
电工器材制造系
电机原理教研组
电工学教研组
电气绝缘及电瓷教研组
电器制造教研组
1957 年
1957 年（注：西安
机械工程系
机制工艺教研组
金属切削机床及刀具教研组
金相教研组
焊接教研组
金属工学教研组
动力机械系
内燃机教研组
热工教研组
涡轮机教研组
锅炉教研组
压缩机教研组
热能教研组
电力工程系
输配电教研组
发电厂教研组
工业企业电力设备教研组
高压工程教研组
电气自动装置教研组
电工器材制造系
电机原理教研组
普通电工学教研组
电气绝缘及电瓷教研组
电器制造教研组
工程
材料力学教研组
1959 年
1959 年
机械工程系
机械制造及画法几何教研组
机切教研组
金相教研组
金压教研组
铸工教研组
焊接教研组
金属工学教研组
自动生产组织教研组
动力机械系
内燃机教研组
热工教研组
涡轮教研组
锅炉教研组
压缩机教研组
热能教研组
流体力学教研组
电机工程系（电力工程系与电工器材制造系合
电工原理教研组
电工学教研组
电机教研组
电器教研组
绝缘教研组
发配电教研组
高压教研组
工企教研组
工业电子学教研组

行政机构设置沿革

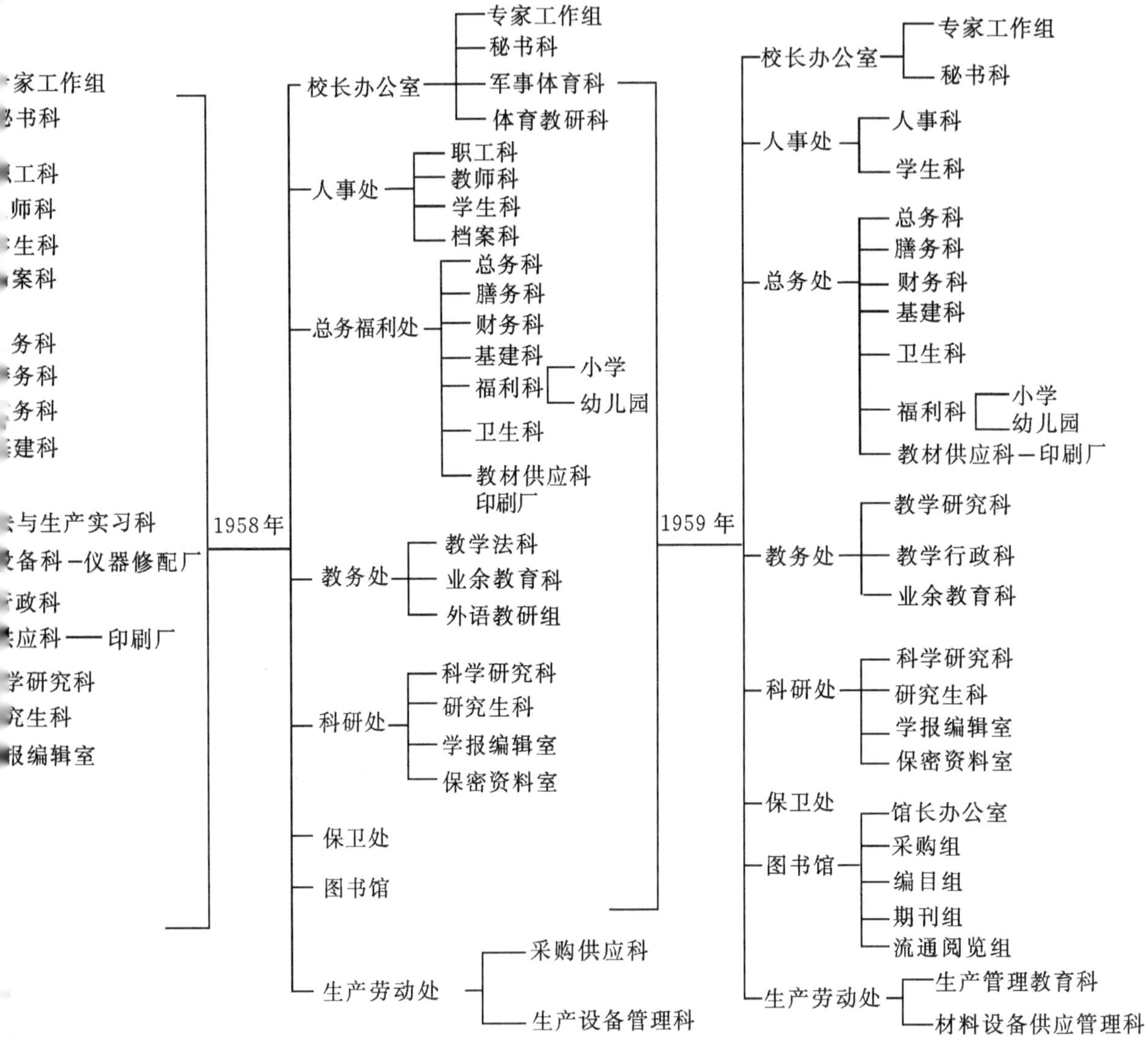
家工作组
书科
工科
师科
生科
案科
务科
务科
务科
建科
与生产实习科
备科－仪器修配厂
政科
应科——印刷厂
学研究科
究生科
报编辑室
1958年
校长办公室
专家工作组
秘书科
军事体育科
体育教研科
人事处
职工科
教师科
学生科
档案科
总务福利处
总务科
膳务科
财务科
基建科
福利科
小学
幼儿园
卫生科
教材供应科
印刷厂
教务处
教学法科
业余教育科
外语教研组
科研处
科学研究科
研究生科
学报编辑室
保密资料室
保卫处
图书馆
生产劳动处
采购供应科
生产设备管理科
1959年
校长办公室
专家工作组
秘书科
人事处
人事科
学生科
总务处
总务科
膳务科
财务科
基建科
卫生科
福利科
小学
幼儿园
教材供应科－印刷厂
教务处
教学研究科
教学行政科
业余教育科
科研处
科学研究科
研究生科
学报编辑室
保密资料室
保卫处
图书馆
馆长办公室
采购组
编目组
期刊组
流通阅览组
生产劳动处
生产管理教育科
材料设备供应管理科

交通大学 1955 年教职工名册

彭　康	陈石英	苏　庄	郑旭初	陈钦德	张玉璋	梁国钧
李啟高	陈　路	吴乐友	于华伦	张泰群	孙　敏	杜洪金
秦慰祖	刘泉祺	蔡群玉	庄小云	吴培德	徐祖逖	倪家泰
吴银根	王士先	李彬权	江而和	倪秉华	余学良	奚兆炎
黄明道	袁　麟	房栋田	张树兴	李春辉	林　星	王世璋
冯河奎	张力生	陈广文	周梦恩	孙家顺	俞　琼	刘威敏
郑海蒂	李佑师	李　冰	沈　洁	邹理生	齐　涛	陈月秀
朱　骏	程鹤年	孙季雄	李玉华	纪学勤	王伯奂	王敏颐
尹英武	乌美莉	于荻青	范八雄	初炳仁	翟秀娟	陆培蓉
何寿明	黄彭龄	彭　彬	任万均	沈晓明	刘德成	田敬修
居婉丽	刘露茜	杨　文	王　宣	王慕芝	吴　杰	李才英
林春润	于夫勇	陈文建	周淑玉	洪朴云	陈端庄	唐志辉
石　方	陈贻芳	钱　鹏	葛　风	吴镇东	刘继宏	王玉璋
熊庆洋	林如霖	陈　灵	江俊华	孟小禾	陆凤仙	任梦林
李永焘	刘桂祥	蔡恩琼	陈振祥	王　粲	杨　治	严育英
俞　杰	陈蕙芳	华韵清	戴志斌	李慧心	沈学诗	恽佩雯
曾淑修	聂秀芳	于翠芳	陈树楠	张顺行	潘达仁	杜菊生
王淑贞	张汉亭	张惠琛	陈克明	常衍信	王澄庐	路　径
成继祥	钱兴隆	王　彬	赵宝昆	车勤山	周　飞	张炳芳
梁　琦	俞吉和	秦炳章	于珍甫	唐元湛	顾行成	乔国栋
王毓让	吴德钧	胡　愈	李东裕	赵聿桢	冯伯根	郭玉堂
朱惠峰	韩起风	周金霖	陆自英	周佐明	倪茂盛	沈伯参
沈云扉	孙霞仙	李玖澜	郑大广	盛静霞	韩昭春	贺芳根
于武玉	周　光	顾乃文	张凤云	周克勤	赵瑞熙	林棠影
曾省三	王　爽	吴景行	马春风	钟丽琼	王则茂	童仲达

任祖扬	韩克恭	李经华	司继宝	赵德义	王守基	龚继宗
汤寿徵	朱　峥	陈狄超	杨炳全	徐毓琏	范异为	杨新村
张宗仁	叶桂芳	陈文良	沈养民	李良贤	沈祥铭	张人龙
陈耿超	罗自意	宋馨候	陆松林	赵富鑫	李志材	辜曾雯
盛德莹	吴　繁	李根凤	陈大燮	朱物华	张　鸿	黄席椿
杨　桓	祖振铨	曹玉成	陈鸿芹	程迺晋	王建勋	张启蔚
金蔼言	吴彩霞	向一敏	林启明	俞丽娟	郑守淇	孙曼君
曾仲康	梅焕洲	安继昭	孟宪骥	韩玉珊	英　明	张慧娟
任国忠	胡斯星	王绍先	王金元	丁寿元	王□□	潘谓仁
张逸如	陆炳生	刘如星	陈耀廷	汪东海	顾　华	王美珍
顾诵清	朱庆年	洪则麟	朱钟民	褚元兴	郑又明	刘　真
赵畴九	周寿庆	王树桃	张　曼	孙秀珍	师国宝	王家骏
张　静	沈婉青	徐晟莉	刘天禄	何明琴	虞孚华	何金铎
陶定宽	陈　璋	陈维庸	陆澄珠	龚起武	金如玉	沈文瑛
戴祥林	俞季倩	赵　毅	张国英	刘慰玲	盛桂生	金双修
王丽芳	杨传淳	单钧艳	刁景秀	沙树贤	吴金堤	韩承凯
曹鸿谟	邓海滨	宋声威	黄竹婷	李翰春	鲁　惠	龚雅谷
高景孟	范哲生	寿志勤	江泽蓝	刘玉佩	朱炳麟	马祖敬
顾品珠	杨锦德	陈绍纹	林厚瑜	李嘉红	周友芝	刘桂英
朱凤攀	高文仙	陈忠俊	丁守英	郭慧君	郑陆珍	薛　剑
陈其海	曲学循	蒋鹤鸣	李　愉	徐建民	奚文垣	许志昌
陆光仪	郝文龙	冯绍基	庄　群	黄宣丽	光相中	温文鹏
李素范	方连华	席俊秀	吴　侣	马似如	邹锡缪	李庆惠
徐乐园	林　丛	宗慎元	邵孝真	张泽芬	顾　俊	蔡国桢
李德华	陈晓务	金忠正	王惠郁	李德顺	杨兴庆	吴　洁
诸燮明	洪荣生	郑公肃	徐镶棠	江慧英	嵇炳麟	史瑞棠
胡金华	金慰祖	王元兆	黄震球	赵荣佳	杨诚进	王志诚
丁士宏	徐庆年	施培元	程润田	傅承宗	陈秉勋	周本濂
叶铭□	徐庆余	施人美	王奎仁	李世英	程锡圭	刘福生
屠颖刚	温世珍	颜绿华	易君三	杨有华	徐嘉澍	周少林
赵洪美	沈祥生	陶瑞盛	张玲玲	王炳熙	赵德怀	曹建信

倪传芳	李龙根	范祖德	吴涵工	王寿珍	邹荫庭	龚敏华
王天毅	王雪芬	杨国一	林祖根	沈自立	杨兆明	姜仁生
王仲康	程　宣	钟蕙君	徐丽园	刘学仁	房国荣	黄蓉蓉
李永康	吉正德	陆根林	高寿成	董　勋	沈定奂	吴蕴芳
张荫华	冯仁德	于迺华	吴琴仙	陈淑娟	李铁飞	顾锡城
戴维城	翁长安	欧儒风	钱振远	张金奂	胡秀琴	臧咏霞
查殿玉	黄人龙	黄滋德	茅锦柏	洪敏逵	王心富	任世□
楼鼎源	许光霞	陆泉元	赵正平	吴孚坤	范瑞娥	卢业恒
朱良荣	蓝国英	徐　祥	骆　进	苏英草	张霞宫	陈　兰
张长熙	禹逸萍	丛传家	关雅囡	王令安	王云梯	杨仲民
王璐麟	王瑞芳	王世楠	钱菊轩	喻中周	苗锡璋	梅　林
魏可望	沈网珍	归振华	顾锦洁	侯堉楠	贾传华	徐伟楠
陆根福	朱衍畴	张复生	何宝彝	朱锦发	薛淑贤	缪孟媛
张嘉贵	袁嘉豪	李宝书	谢兆昆	汪邦钦	马家兰	邱明萼
王龙泗	武钟英	郑致和	王君仁	徐云风	孙德元	胡　牧
杨晋堦	傅赤先	陈异东	丁　宣	谭风庆	成鉴秋	昌寿全
葛雪芝	吴宗和	林峥辉	翁　双	姜士馨	朱复中	徐云官
陆旭辉	陈申生	严子敏	朱天俊	黄世梁	陈宗武	陈华乾
徐文达	阚金章	赵世星	华映霞	黄志先	黄文范	丛兰滋
毛仁昌	薛世炤	孙成璠	范元弼	陈利华	周道本	范全福
周光祺	唐裕源	罗炜基	陈泽炘	李德寿	石家泰	张仁纯
贝季瑶	吴金堤	胡汉章	钱鸿章	徐步垣	褚家悌	边炳耀
吴维新	邹行健	范洪溎	程启柯	朱榴娥	楼永传	戴德沛
董树信	陈湛清	丘弟魁	于复曾	许大钧	尹嘉禾	林明邦
顾崇衔	龚定安	郑兆益	周修齐	乐兑谦	沈长朔	史维祥
金　精	薛秉源	黄　聪	汪国梁	汪　涛	沈宏毅	李云璧
杨兆熙	林其骏	蒋锡藩	朱立三	黄源镐	林廷圻	许栋梁
林益耀	周继洛	丁训士	陶　钟	陈佐虞	庄礼庭	毛良桢
严金琨	汪大年	谢关烜	赵静远	周惠久	吴之风	沈嘉猷
章玉林	王益忠	王绍雄	周庆德	苏俊义	陈会武	张泽仁
吴学明	杨正山	李金和	饶启昌	吴炳荣	周志宏	梁伯高

郑家骏	徐佐仁	陈舜揆	王小同	蔡泽高	黄明志	王守三
胡赓祥	顾澄海	卫景升	金家敏	戚九皋	俞德刚	杨正端
宋余九	嵇　钤	何家雯	林栋梁	周志诚	李鹏兴	严智渊
汪应洛	张锡藩	李怀祖	陆修涵	石华鑫	张景贤	孟广诚
王钻先	张滋伟	王汝霖	缪道平	朱麟五	翟　钰	梁士超
冯　榈	吴良弼	吴有荣	袁铁群	姚祖训	骆振黄	苗永森
蔡祖恢	陆声廷	陈焕生	张惠华	蔡俊德	蒋淡安	翁思义
汪宏俊	黄维德	吴达人	刘光宗	费祥麟	陆振国	聂光墀
向一敏	蔡颐年	程迺晋	沈炳正	戈鹤翔	张镇一	陈学俊
顾逢时	许晋源	徐士民	贾斗南	屠传经	杨任远	陈钟颀
周淑英	张子展	程孝刚	柴志明	邵旦华	夏建新	张定贤
张耀芳	龚积球	张寿恺	戚文星	陶曾鲁	张传铭	楼鸿棣
钱文瀚	夏寅孙	钱德宏	闵叔杰	赵介文	洪致青	范祖尧
孙鸿范	仁锦堂	孙可全	林毓锜	周国梁	潘震苍	程富秀
钟兆琳	程文鑫	居　崌	许应期	刘美荫	罗致睿	曾继铎
魏开泛	吴硕麟	费鸿飞	陈世坤	胡之光	吴文华	周希贤
林毓琦	吕叔康	仁仲岳	侯恩奎	陈绎之	关力更	邱贤锟
李仁定	沈富根	顾积栋	张吟达	杨为民	宋文谦	蓝章夏
曹　昌	顾立篪	袁旦庆	顾石华	严伟孙	罗兴国	郭宏志
何兆福	李兴恩	许仲孚	曹余庚	唐　杰	方志成	秦积荣
庄昂千	王建勋	郑瞳炽	肖　惕	薛绍清	谭颂献	陈季丹
金守礼	王绍先	于怡元	刘其袒	刘耀南	张和康	杨肇复
邹兆年	马乃祥	傅玲玲	姚培洪	黄华庭	归绍升	王哲生
何金茂	王季梅	李嘉毅	方鸿发	陈德桂	蔡国廉	张钟俊
李惠亭	戴景宸	沈赞埙	黄家浴	杨冠城	张志竞	夏道止
盛寿麟	单基乾	徐开源	裘益钟	沙隽劭	吴励坚	雷新陶
唐耀宗	吴际舜	廖培鸿	熊德琰	蒋国雄	陈　谦	邱毓昌
倪际伟	沈尚贤	蒋大宗	严　晙	孟　侃	徐俊荣	郑守仁
王祖泽	陆谷宇	黄　俊	胡保生	蔡元龙	万百五	陆　棠
沈苍苓	毕丽天	冯富强	陈铁年	唐立森	林　镳	黄孝诚
王溥仁	姚　雄	梁　伸	伍恩华	陈敏逊	陈　湖	吴兴吾

杨叔艺	杨鸿铨	陈以鸿	张有纲	洪福明	郁曾倩	张　煦
陈茂康	刘　侃	毛钧业	陈尚勤	陈鸿彬	陈耕云	裘明信
刘锦德	张有正	周正坤	许德纪	赵国南	唐茂成	林劲光
蔡祖端	陆世昌	王公衡	辛一心	魏东升	姜次平	盛振邦
何友声	黄祥鹿	奚祖声	杨仁杰	高志希	林杰人	马志良
潘伟文	朱　良	黄翼夫	李永庆	罗德涛	杨代盛	王本立
张轶群	陈家鼎	陈　楚	钟迪甫	郑德枚	陈铁云	桑国光
张　弄	李学道	刘应中	史联芳	汪希龄	林金铨	金士俊
藩介人	葛维新	于骏民	诸铁文	李傅曦	范恂如	沈维道
樊应观	邱树林	毕浩然	郑佩芝	王希季	秦同沂	陆行珊
贺亚科	翁史烈	戚正文	钟芳源	应凌翔	任文江	李铭慰
杭继寿	尉迟斌	顾志明	张重超	徐　敏	杨惠宗	杨强生
李渤仲	陈大荣	严济宽	顾宏中	张连方	朱孟华	邬佐明
施仲篪	赵富鑫	殷大钧	周　铭	赵修鸿	赵贻镜	任有恒
潘耀鲁	朱咏春	顾元壮	罗晋生	屠善洁	汪立椿	吴维聪
陈　楷	刘恩科	陆兆祥	薛纯琦	胡盘新	张云祥	姚善麟
徐建良	张　立	应燕平	翁珍珊	张世恩	程延庆	吴慕莲
金文芷	孙璧嫊	章燕豪	胡宝峰	强毓兴	顾名洽	温文鹤
储济南	胥高信	韩世纲	程传煊	程博厚	蔡灿珍	黄允□
刘若萍	黄玉岚	曾启明	陈耀坤	胡国强	朱　城	金　懿
熊树人	陈道明	嵇　醒	黄静安	徐世钰	仁能容	郭坤荣
王则明	楼志文	杨学勤	王贵如	梁文风	胡善荣	王学文
刘福保	陈　瀚	冯浚开	潘延陵	乐美峰	丛敬同	郭乾荣
沈德贤	于尔申	吴善勤	陆家训	吴　镇	金仲谋	郑祖光
吴震尧	王增润	李定远	陈守五	党锡祺	姚运强	杨延篪
吴百诗	陈文良	刘蝉锦	许庆余	张寰镜	莫善祥	蔡有常
李本文	季　诚	徐子蓉	裘忱涛	高　镇	虞洪述	展　成
宋寿衔	李承绪	林有成	徐伯康	姚英杰	周根林	金辅扬
陈学义	陆仲申	顾文逵	张耀璞	于国昌	叶希程	陆　浩
顾君玉	卢振荣	王云孙	李名纪	叶增雄	谢颂正	吴进根
孟嘉赓	唐保宁	徐炎昌	毛炳华	朱荣年	陈良琛	冯汉斌

谈连峰 王振亚 吴子彬 朱景秋 廖月清 马立达 查良佩
杨荣昭 张剑冰 陈　鲁 陆雪高 陈林峰 张建圻 殷云端
翁汉明 高文贤 陈景兰 李榕基 程志英 潘礼华 曾继贤
姚玉麟 徐漱芳 陈珙璠 李德明 江　涛 聂钦海 黄席椿
林海明 顾安如 陈贻桂 范丽娟 盛剑霓 汪文秉 于轮元
陈永祥 傅君眉 刘国柱 池圣雄 孙文辉 钱慰宗 来　虔
陈克宣 章居杰 曹龙华 殷鸿梁 陈兆雄 汤玉娣 周　仁
颜志仁 沈三多 辛一行 吴克敏 董鸿猷 张和豪 华申吉
张直明 黄宇中 王锡庶 唐照千 张言羊 蔡祖宪 叶元斌
袁泽文 朱继梅 丘大谋 谢友柏 徐琪祥 雷锡鎏 凌渭民
李宝堂 王明德 张五京 陶　钟 万家翔 金福庆 唐融安
谢家树 张锦文 陈明齐 周孝芳 周馨逸 郑惠琴 俞振旅
胡　强 周淼冬 韩振邦 吴国荣 王毓岐 施文俊 胡煜群
朱公瑾 徐桂芳 唐济楫 陆庆乐 颜家驹 刘国庸 邵济煦
赵孟养 程拯泰 杨翠莲 查冠群 吕　华 沈黛云 李德元
祝　基 曹敏谦 游兆永 石建成 王景容 金百生 叶维平
马知恩 唐象礼 耿　济 高继郁 祝颂和 柴秀锦 马建章
林诗雄 蒋锄日 谢衡中 徐宜铭 叶尚思 江　汉 赵灵芝
李敬轩 章德安 黄永年 王慧明 许绍李 谢天吉 叶志麟
郭慧秋 孙一飞 徐万杰 陈维新 吴志霄 庄惠琪 李　冰
周宗湘 杨李炼 卢烈英 黄中岩 余家骏 陈金贤 孙育成
顾慈观 张钟熙 马鼎璋 张云莲 王慧芳 吴新民 朱楚珠
张文瑾 尹炳谦 涂铭旌 王芬献 唐慕尧 苏保善 夏萼辉
匡一心 陆文华 赵卓贤 祝世华 骆鼎昌 王寿彩 阮雪榆
张汉阳 胡迪如 何秀伟 盛寿麟 李乐民 李根深 陈大沄
沈俊雄 王泰钟 刘涌康 张志城 王其平 杨伯庆 张肇民
于邦卿 凌雨轩 徐海阔 李永棠 陈子晴 陈丹之 牟敦煜
王　超 唐庆诒 钱乃桢

霍有光. 交通大学(西安)(1950－1978)年谱[M]. 北京：中国青年出版社，2013.

交通大学1955年底在册从上海迁至西安的教师、行政人员名册

孙成璠	范全福	周光祺	康裕源	陈泽炘	康慕尧	李德寿
顾崇衔	胡汉章	钱鸿章	褚家麟	何　钺	屈梁生	范鸿滏
程启柯	黛德沛	董树信	丘弟魁	于复曾	许大钧	龚定安
苏保善	赵卓贤	乐兑谦	史维祥	金　精	林其骏	黄源镐
林廷炘	许栋梁	周继洛	陶　钟	周惠久	吴之凤	周庆德
苏俊义	张泽仁	李金和	饶启昌	陆文华	庄礼庭	汪大年
谢关烜	赵静远	徐佐仁	王小同	黄明志	俞德刚	顾海澄
戚九皋	宋余九	何家雯	涂　铭	汪应洛	李怀祖	张景贤
石华鑫	孟广诚	王钻先	张滋伟	王汝霖	缪道平	陈大燮
柯冯柯	吴有荣	袁轶群	江宏俊	瞿　钰	苗永淼	蔡祖恢
陆声廷	陆焕生	张惠华	蔡俊德	翁思义	吴达人	刘光宗
费祥麟	陆振国	向一敏	程迺晋	蔡颐年	沈炳正	陈丹之
戈鹤翔	张镇一	陈学俊	顾逢时	许晋源	徐士民	张子展
贾斗南	屠传经	杨任远	陈钟颀	周淑英	钱文瀚	林毓琦
戴景宸	沈赞埙	夏道止	盛寿麟	沙　隽	吴励坚	蒋国雄
邱淑昌	严　晙	沈尚贤	蒋大宗	郑守淇	陆谷宇	黄　俊
胡保生	蔡元龙	万百五	毕丽天	陆　棠	唐立森	林　镳
黄孝诚	王溥仁	梁　伸	伍恩华	钟兆琳	刘美荫	费鸿飞
陈世坤	胡之光	周希贤	吕叔康	侯恩奎	陈绎之	邱贤锟
顾积栋	杨为民	宋文谦	何秀伟	顾立篪	袁旦庆	曹余庚
唐　杰	秦积荣	王建勋	肖　惕	陈季丹	王绍先	于怡元
刘其昶	刘耀男	邹兆年	马乃祥	傅玲玲	姚培洪	黄华庭
王哲生	何金茂	王季梅	张汉阳	王其平	方鸿发	陈德桂
陈鸿宾	蔡祖端	赵富鑫	殷大钧	潘耀鲁	顾元壮	罗晋生

屠善洁	汪立椿	陈　楷	刘恩科	陆兆祥	薛纯琪	张云祥
徐建良	翁珍珊	张世恩	强毓兴	韩世纲	程传煊	蔡灿珍
曾启明	陈耀坤	朱　城	嵇　醒	楼志文	梁文风	刘福保
陈　瀚	冯浚开	潘延陵	丛敬同	乐美峰	沈德贤	陆家训
陈子晴	郑祖光	李定远	吴震尧	陈守五	党锡祺	杨延虎
吴百诗	刘蝉锦	许庆余	张寰镜	季　诚	徐子蓉	裘忱涛
高　镇	虞洪述	展　成	宋寿衔	李承绪	林有成	徐伯康
姚英杰	周根林	顾文逵	张耀璞	于国昌	叶希程	卢振荣
王云孙	叶增雄	谢颂正	吴进根	毛炳华	朱荣年	冯汉斌
谈连峰	陈良琛	朱景秋	廖月清	马立达	查良佩	杨荣昭
张剑冰	陈　鲁	陆雪高	陈林峰	张建圻	殷云瑞	翁汉明
高文贤	李榕基	程志英	潘礼毕	姚玉麟	江　涛	聂钦海
黄席椿	陈贻圭	范丽娟	盛剑霓	汪文秉	于轮元	傅君梅
刘国柱	钱慰宗	来　虔	曹龙华	殷红梁	陈兆雄	冯玉娣
沈三多	华申吉	张直明	黄宇中	王锡庶	唐照千	张言羊
朱继梅	邱大谋	谢友柏	王明德	张五京	陶　钟	万家翔
金福庆	唐融安	谢家树	张锦文	周鑫逸	郑惠琴	俞振旅
周淼东	韩振邦	吴国荣	胡煜群	胡　强	张　鸿	徐桂芳
陆庆乐	邵济熙	赵孟养	沈黛云	游兆永	石建成	王景容
李德元	叶唯平	马知恩	唐象礼	耿　济	高继郁	祝颂和
柴秀锦	马建章	林诗雄	蒋锄日	徐宜铭	凌雨轩	张肇民
叶尚思	李敬轩	章德安	黄永年	李永棠	许绍李	谢天吉
叶志麟	郭慧秋	庄惠琪	周宗湘	杨李炼	卢烈英	黄中岩
余家骏	陈金贤	孙育成	顾慈观	张钟熙	马鼎璋	张运莲
王慧芳	吴新民	朱楚珠	张文瑾	徐乃杰	彭　康	苏　庄
陈钦德	张玉璋	李启高	吴乐友	孙　敏	徐祖逊	余学良
房栋田	李春辉	林　星	张力生	周梦恩	李佑师	李　冰
邹理生	齐　涛	陈月秀	朱　骏	王敏颐	尹英武	乌美莉
于荻青	何寿明	彭　彬	刘德成	刘露茜	杨　文	王　宣
吴　杰	李才英	林春润	陈文健	洪朴云	唐志辉	石　方
钱　鹏	葛　风	吴镇东	刘继宏	王玉璋	熊庆洋	陈　夷

任梦林	蔡恩琼	陈振祥	戴志斌	陈树楠	潘达仁	杜菊生
王淑贞	张汉亭	张惠琛	钱兴隆	王　彬	车勤山	于珍甫
乔国栋	王毓让	赵聿桢	冯伯根	朱惠峰	陆自英	沈伯参
沈云扉	李玖澜	周　光	张凤云	周克勤	曾省三	王则茂
童仲达	任祖扬	韩克恭	李经华	司继宝	赵德义	王守基
龚继宗	汤寿征	朱　峥	杨炳全	徐毓琏	范异为	张宗仁
叶桂芳	陈文良	沈养民	李良贤	沈祥铭	张人龙	陈耿超
杨新村	宋馨候	陆松林	赵富鑫	李志材	辜曾雯	李根凤
陈大燮	张　鸿	黄席椿	祖振铨	程迺晋	吴彩霞	向一敏
郑守淇	孟宪骥	英　明	任国忠	胡斯星	王绍先	王金元
张逸如	陆炳生	刘如星	汪东海	朱庆年	洪则麟	刘　真
张　曼	师国宝	刘天禄	周寿庆	陶定宽	龚起武	刘慰玲
盛桂生	金双修	杨传淳	单钧艳	刁景秀	沙树贤	曹鸿谟
宋声威	龚雅谷	高景孟	杨锦德	林厚瑜	李嘉红	周友芝
刘桂英	朱凤攀	高文仙	郭慧君	奚文垣	光相中	李素范
席俊秀	马似如	朱炳麟	宗慎元	顾　俊	陈晓务	王蕙郁
李德顺	郑公素	嵇炳麟	程润田	傅承宗	陈炳勋	周本濂
徐庆余	施人美	李世英	程锡圭	易君三	杨有华	赵洪美
徐嘉澍	刘涤馨	王仲康	杨国一	黄蓉蓉	范瑞娥	朱良荣
许光霞	陆泉元	赵正平	吴孚坤	卢业恒	蓝国英	徐　祥
骆　进	苏英草	丛传家	王令安	王云梯	王璐璘	王瑞芳
杨仲民	王世楠	钱菊轩	喻中周	苗锡璋	梅　林	魏可望
沈网珍	归振华	顾锦洁	贾传华	徐伟楠	陆根福	张复生
朱锦发	袁家豪	王龙泗	王君仁	胡　牧	郑政和	徐云风
杨晋阶	姜士馨	朱复中	徐云官	陆旭辉	严子敏	黄世梁
阚金章	赵世兴	华映霞	黄志先	黄文范		

凌安谷，等. 交通大学内迁西安史实[M]. 西安：西安交通大学出版社，1995.

交通大学(西安部分)1956年教职工名册

苏　庄	章　静	张玉璋	李啟高	张绪芬	贾传频	房栋田
李春辉	袁仲德	蔡瑞玖	吴乐友	张心田	杨　文	倪　超
余永富	王　宣	张逸如	黄大猷	洪朴云	方志文	唐志辉
金慰祖	石　方	钱　鹏	葛　风	陈文健	李仁德	王丽华
刘德成	李根风	傅根妹	王淑贞	刘继宏	熊庆洋	徐云官
吴志明	赵　敏	曹鸿谟	宋声威	邹理生	于获青	张力生
李佑师	周梦思	华映霞	顾日琴	莫　珲	何寿明	尹英武
余又君	袁竹患	朱　骏	杨秀琴	唐余璜	龚雅谷	徐新符
陈明熹	严根弟	孙美萍	任梦林	张宗仁	王思贡	钱次余
乔国栋	朱　峥	朱惠峰	杨秀环	冯伯根	朱长庚	施少康
陈华根	刘之忠	袁士珍	王毓諒	赵聿桢	陶春池	王主义
王文祥	徐鸿生	陈树楠	杜菊生	王　彬	潘国芳	陈克明
闻振兴	苑洪婶	黎佩珍	张惠琛	钱兴隆	吴月生	车勤山
路　镁	李光林	申道蓬	陆鸿央	陈振祥	戴志斌	孔丽莎
陈则贤	唐鑑明	王柔春	沈伯参	李玖澜	杨晋堦	沈云扉
张秀钰	汤又铭	徐仲达	邹渭臣	李雒康	范　鹏	曾省三
唐苏英	周　先	周克勤	吴美琴	张瑛玲	赵志绒	顾玉珍
孙　傑	裘寿遐	孟庆云	李鸿妹	路金娣	陈凤英	虞寿鳌
张凤云	黄金康	武建勳	王则茂	童仲达	任祖扬	韩克恭
李经华	司继宝	赵德义	王守基	龚继宗	汤寿徵	杨炳全
徐毓琏	范异为	杨新村	叶桂芳	陈文良	李良贤	沈祥铭
张人龙	陈耿超	宋馨候	陆松林	王绍祺	林兰英	黄衍珮
张　鸿	赵世星	包玉珍	吴彩霞	王兆瑚	严子敏	胡斯星
英　明	孟宪驥	任国忠	盛桂生	单钧艳	刁景秀	章以銑
余养吾	黄士康	王天成	花承武	陈世菁	洪则麟	刘　真

周寿庆　吴柏梅　吴柏梅　张　曼　刘茂池　王惠珍　汪东海
刘如星　赵芝富　熊庆正　陈敏华　姜士馨　李志材　韩正刚
辜曾雯　李荫松　张金陵　朱炳麟　朱雪帆　王关荣　钱绍玉
王锦清　王龙泗　徐云风　郑致和　王君仁　纪振鸿　胡　牧
陈达时　赵泉兴　褚龙生　赵广平　华仲轩　钱进元　陈杏生
蔡民和　朱金海　纪振刚　杨积应　李士瑜　贵　振　高友祺
张建奎　刘有宏　孙相礼　李鸿舒　范俊英　杨培英　沈福生
张景仁　沈安邝　张启明　华鹤轩　费志诚　纪鹤崑　张启华
杨志清　李景春　朱文兴　李其发　徐庆顺　孙迺滨　司徒明宝
司徒忠行　陈永安　浦永禄　英冠群　童丽娟　徐文登　李世卿
刘文卿　惠芝英　张　贮　陈美娣　华尧山　王宏德　杨佑之
王士熏　许广武　刘同和　赵益清　朱定富　修玉忠　高全林
华绰铸　纪鹤银　田锡生　阮学忠　李春复　盛梅华　沈嘉珠
梁玉琼　业福海　郜顺鸿　郁渭源　王金川　吴秋芳　冯光辉
刘云祥　滕贵珍　张杏泉　吴忠义　业绍荣　苏英草　从传家
王伯杰　李玉梅　王晋杰　房立民　徐亚林　徐嘉澍　骆　进
郑朝刚　党一绥　刘省训　潘家宽　朱明选　卢叶恒　蓝国英
朱良荣　赵正平　范瑞娥　吴孚坤　李治安　章毓秀　徐　祥
许光霞　陆泉元　钱秀珍　赵心正　王云梯　王璐璘　王瑞芳
王令安　杨仲民　王世楠　钱菊轩　俱秀杰　唐祝生　苗锡璋
喻中周　梅　林　陆根富　魏可望　沈纲珍　顾锦洁　贾传华
徐伟楠　葛　信　赵中修　潘澄明　刘佩璇　石娜娟　朱锦发
张复生　袁家豪　聂钦海　陈耀廷　吴维松　陈正直　陈　夷
周友芝　刘桂英　黄明德　李嘉红　林厚瑜　卢淳鑫　胡沅通
李瑞芳　蓝根牢　黄仁嘉　程进勤　李素范　叶尚思　叶志麟
黄永年　马鼎璋　张肇民　庄惠祺　王惠芳　周宗湘　张文瑾
黄中岩　卢烈英　张钟熙　胡福林　郭慧秋　吴新民　高占明
柯文湘　仝由琦　马　骐　孙成璠　范全福　唐裕源　赵汝嘉
陈茂贞　陈婉艺　孙国兴　林　蔚　熊树人　嵇　醒　陈　瀚
乐美峰　梁文凤　楼志文　丛敬仝　潘延陵　孙子美　萧迈矦
汪惠雄　羊耀枫　张镇生　孙厚镛　邹焕新　张树矦　周树藩

徐国绪　刘福保　沈德贤　陆家训　吴百诗　郑祖先　吴震晓
许庆余　李定远　杨延虎　党锡祺　陈守五　刘蝉锦　王家荣
徐建学　夏永源　赵秉铨　石淑仙　洪起超　徐青萍　王充德
张寰镜　季　诚　裘忱焘　虞洪述　展　成　高　镇　徐子蓉
叶增雄　顾君玉　叶希程　朴有成　李承绪　宋寿衔　徐伯康
张耀璞　毛炳华　周根林　卢振荣　吴进根　姚英杰　顾文逵
刘世贤　施君尧　时兰芬　张正立　沈鑫达　朱家骥　杨光钦
傅金益　张齐祥　刘毅夫　李世霖　周志渊　夏功辉　高达生
施海奎　韩承松　赵文涛　王云孙　汪文秉　范丽娟　孙文辉
江慰德　高顺泉　盛承伟　赵富鑫　殷大钧　潘耀鲁　陈　楷
罗晋生　刘恩科　陆兆祥　汪立椿　屠善洁　翁珍珊　徐诂良
张云祥　王思文　黄达泮　姚国雄　李应祥　胡国柱　郑良友
陈　志　吴佐良　张俊儒　闵永晖　鲁从最　刘裕国　焦兆焕
徐桂芳　陆庆乐　邵济熙　石建成　叶唯平　王景容　唐象礼
游兆永　祝颂和　林诗雄　马知恩　徐宜铭　高继郁　蒋锄日
柴秀锦　马建章　夏宗伟　侯双根　唐祜华　曾宪永　黄喜才
胡清巇　龚怀云　蔡燊信　龚志聪　向英华　彭荣梅　张端德
袁继宇　袁运盛　符天武　黄咎宇　高慧贞　张学华　朱荣年
陈良琛　冯汉斌　谈连峰　陆雪高　廖月清　杨荣昭　张剑永
陈　鲁　陈林峯　查良佩　马立达　朱景秋　江　涛　张建圻
史　荣　李榕基　潘礼华　高文贤　姚玉麟　翁汉明　郑友竹
聂钦海　孙惠康　徐淑芳　程筱芳　赵心瑗　邵锦国　唐满良
程志英　张世思　蔡燦珍　储济南　强毓兴　程傅煊　陈耀坤
曾肇明　祝梁济　吴人俊　汤建华　邱　豪　尧元全　江汉良
黄立德　徐开贵　王光华　倪兆先　林耀南　谢清泉　韩世细
王明德　万家翔　张五京　陶　钟　俞根旅　吴国荣　胡煜群
张锦文　金福庆　余学良　谢家树　周淼东　韩振邦　郑惠琴
周馨逸　周孝芳　唐融安　施荣根　徐婉珠　锁　铮　张鹤立
蔡新玉　刘浩君　田　畬　李林圃　宋文彬　黎长文　原广森
罗瑞林　刘春海　卜永生

（西安交通大学档案馆馆藏档案 ZLF1－87）

交通大学(西安部分)1955－1959年教职工名册

孙成璠	周惠久	吴之凤	顾崇衔	张景贤	陈大燮	吴有荣
袁铁群	江宏俊	陈学俊	沈尚贤	钟兆琳	刘美荫	陈季丹
杨德隅	侯运广	赵富鑫	殷大钧	黄席椿	沈三多	张　鸿
严　晙	冯橺树	李辛凯	熊树人	张寰镜	徐桂芳	贺建崇
朱麟五	朱荫桐	罗智睿	赵介文	陈光耀	黄步玉	徐寿平
沈　晋	谭宗尧	李希绶	汪世襄	聂光墀	陆振国	朱公谨
林海明	骆凤峤	马愚山	田鸿宾	吕振洋	袁耀庭	俞世煜
蒋贵元	魏　泽	刘祖典	廖淳恩	顾乾贞	张洪瀛	沙玉清
李有山	孙家鼎	王文光	仝世英	喻兆明	陆智远	庄礼庭
石华鑫	王哲生	朱　城	谈连峰	来　虔	朱荣年	冯汉斌
陆庆乐	万世永	黄长谦	张盛恺	阳含和	俞光瑞	何　旭
苗永淼	樊恒铎	张凤书	庄懋年	冯秉新	蒋兴虞	童仰之
季　诚	杨世铭	苏长荪	谢启新	瞿　钰	裘益钟	刘友德
刘耀南	赵世英	张海东	王从兴	蓝锦华	阮詠尧	张世恩
乐兑谦	王绍先	顾振军	吴励坚	蒋大宗	何金茂	于怡元
颜竹丘	王季梅	顾逢时	骆振黄	陆修涵	蔡颐年	彭　康
苏　庄	凌雨轩	安乐群	蒋德明	史维祥	任梦林	张肇民
章德安	伊　里	陈国光	林　星	蒋正华	叶尚思	罗晋生
屠善洁	沈文钧	袁旦庆	蔡祖端	胡奈赛	卢烈英	鲍家元
郑守淇	张宗仁	钱蔚宗	万百五	郁永章	朱楚珠	陈金贤
贾斗南	陈听宽	林宗虎	姚　熹	屈梁生	王锡凡	谢友柏
李怀祖	孙国基	沈亚鹏	汪应洛	朱继洲	夏道止	潘　季
马知恩	李人厚	徐传骧	邱大谋	朱　均	孟庆集	章　静
邹理生	彭　彬	罗普生	张惠琛	任祖扬	罗立敖	俞茂鋐
吴序堂	王则茂	胡保生	程润田	吴镇东	许晋源	张肇民

沈养民	翁培芳	陈　楷	盛剑霓	蒋咏秋	马鼎璋	王其平
陈世坤	蔡恩琼	张玉璋	贾传华	高景孟	马志瀛	锁　铮
王　宣	陶　钟	陈文健	杨　文	严子敏	沈桓枌	凌安谷
范效良	何卓烈	汪大年	郑善维	王世昕	毕镐钧	顾林祥
陈树楠	张祉祐	程迺晋	唐慕尧	戴德沛	唐照千	祖振铨
李　岩	任组扬	林施均	陈明焰	涂铭旌	陈石英	查良佩
汪福莱	胡福林	吴明玉	马立达	陈贻桂	虞洪述	万家翔
张剑冰	杨荣昭	廖月清	陆兆祥	宋寿衔	范全福	王缵先
张惠华	汪立椿	余学良	纪嘉林	黄德琇	黄文华	吴国荣
陈永江	金　精	徐伯康	陆文华	周庆德	戚继皋	张云祥
叶希程	陆　棠	唐融安	邵济煦	翁世仰	聂钦海	柴秀锦
王景荣	许绍李	刘毅夫	丛敬同	蔡灿珍	肖迈侯	徐乃杰
袁家骧	赵静远	周光祺	苏保善	董树信	马　骐	傅玲玲
费祥麟	顾福根	徐建良	程志英	谢关烜	陈婉艺	韩绍辛
冯卫国	高桐生	吴达人	尚振球	邱昌荣	肖　惕	黄中岩
孙育成	李榕基	范丽娟	黄　俊	朱仁初	马乃祥	盛寿麟
沈赞埙	钱忠厚	宋文谦	刘禹门	张鹤立	周淼冬	汤　达
龚定安	林其骏	饶启昌	赵卓贤	黎德龄	陈　瀚	石建城
林毓錡	李超俊	何秀伟	葛景滂	唐　杰	唐立森	庞瑶华
陈奉献	张锦文	陶谦坎	俞　察	符天武	楼志文	陆耀桢
刘桂玉	梁　伸	刘国柱	黄家仑	王佩珠	曹婉真	赵文涛
韩世纲	姚国维	李承绪	芈振南	张言羊	汪惠雄	童云生
谢鸿济	边绍雄	储家佑	何纪运	余文龙	钱立伦	刘光宗
袁梅珍	张镁同	于轮元	赵心瑗	薛学明	余秉钧	江家麟
徐文权	宋余九	邱　豪	徐婉珠	胡柱国	章燕谋	徐曾荫
罗洪田	唐照民	傅金益	唐克中	郭干慈	党锡淇	刘静华
张娴如	谭连城	吴南屏	江蔚德	黄幼玲	夏永源	王桂芹
顾骏声	张志清	张庆男	朱报祯	陈焕生	计光华	何新楷
励鹤鸣	方鸿发	李光琦	侯夔龙	沈伟君	吴受章	乐美峰
王以和	马　元	顾积栋	杨延篪	陈绍汀	孙惠康	葛思华
张明烈	尹邦华	邱元仁	葛文运	刘恩科	蔡元龙	郑丽芬

吴慧中	徐风仙	张鸿庆	徐稼轩	孟繁森	黄嘉豫	卢振荣
沈祖达	吴厚钰	汪国梁	何　钺	汪文秉	姜　琪	谭玉山
施　仁	赵汝嘉	苏俊义	刘文江	顾海澄	何家雯	邱毓昌
严　璋	谢仲生	林廷圻	徐健学	许庆余	陈寿田	傅君眉
潘克煜	陈德桂	周龙保	陈纯正	司徒明宝	吴淑娟	陈阿大
周云标	董宝连	罗洪光	汤富贵	黄惠清	刘金龙	吴悦珍
朱文兴	周云飞	宋文德	李兰卿	吴志荣	叶福海	陈青华
倪德权	吴冠群	陈泉生	严申府	张成和	陈　林	孙美萍
范俊英	杨毛头	王盛福	周德荣	冯光辉	陈俊华	卢志华
万洪祥	张翠珍	李桂英	宗玉秀	诸明琴	周莲英	林大梁
沈永生	吴寿丰	杨立宪	季　宾	翁国善	王　灿	沈子孝
王金川	师国贤	朱金海	郁兴明	吴桂英	朱根生	陈守义
李鸿舒	翁安梅	杨恩保	王文玮	华林根	姚有才	诸凤明
杨佑之	李总铭	陈英娣	杨月芬	张杏书	张学科	沈福生
韩金水	张友昌	叶志诚	纪振刚	刘同和	宣鸿根	陆锦心
候进全	马文裕	袁维清	阮学忠	孙寿谦	余根林	陈杏生
陈家田	裘彩娣	沈嘉珠	杨鹏万	周水泉	杨定汉	周锦明
纪鹤银	张连宝	诸桃珍	胡阿宝	陈金林	华伟铸	张启明
汪永珣	李鸿妹	管开良	张　贮	诸龙生	高全林	解宝琴
诸友华	陈德顺	吴有钰	许春西	闵根富	杨明飞	沈炳南
贺来昌	谢欣浩	周万银	朱定富	冯自海	李德银	张广范
冯连生	张建奎	郁凤章	施斌生	秦树德	陈　增	周金贵
吴黑利	顾家桐	王百林	洪振华	王资源	韦成宝	周和生
王阿根	周景象	仲辉墀	谭俊生	霍启光	陈永安	赵泉兴
顾启明	李广顺	王士勖	朱在庭	王景新	修玉忠	司徒忠行
陈旦华	许振渠	刘国兴	陶耀宗	梁祖国	周锡兴	寿亦松
许广修	嵇振岐	陈青月	赵益清	叶志源	李向丰	徐钟南
陈荣堂	杨建聪	张景仁	吴程万	许广武	赵保林	赵聿忠
陈顺兴	杜菊生	吴　杰	王立义	英　明	张风云	陈钦德
余狄青	杨晋阶	喻中周	李素范	陶春池	周　光	苗锡璋
林春润	王仲康	朱宪华	唐余璜	蒋　潞	陈楚杰	吴志明

陈庆余	刘茂池	陈秉勋	倪　超	司继宝	李金和	陈　夷
朱长庚	陈丹之	曹龙华	陈振祥	潘锦云	金瑞荀	杨传淳
陈世菁	黎佩珍	陈敏华	陆自英	黄士康	邹锡璆	戴志斌
翁巧英	钱紹玉	丁锡英	黄平姝	王惠娟	赵洪美	曾省三
陈达时	陆宏兴	胡夏英	殷淑圭	施少康	吴维松	许明顺
李广林	王世楠	王丽华	李启高	沈网珍	唐鑑明	周逸珍
俞瑞春	易君三	金忠正	光相中	申道蓬	叶笑梅	何世燕
仝有琦	张荷龄	唐志挥	钱秀珍	王锦清	陆秋宝	张　曼
刘佩璇	纪洪坤	刘慰玲	席俊秀	孔丽莎	陶锦芬	李嘉红
方志文	付根妹	王守基	杨宝珍	严根弟	盛梅华	钱菊轩
卢业恒	顾雪琴	王柔春	方兆楣	曹家珍	王惠郁	洪秀玉
董素珍	顾锦洁	王瑞芳	吴祥龙	单钧艳	络　进	吴彩霞
赵继麟	陈勤瑞	周宗湘	朱凤攀	徐鸿生	姜士馨	章以銚
郭慧君	朱道珍	杨康龄	施君尧	吴柏梅	杨仲民	徐尔昌
王慧珍	俞永富	杨桂应	徐云芬	徐亚林	戴经培	杨兴德
陈晓务	李荫松	陈林娟	庄惠祺	徐秀援	朱德宝	谢天吉
蓝国英	宋声威	朱钰鹏	徐云官	石娜娟	梁庆沅	张霞红
孙魁元	张正立	孙明欣	侯国华	魏可望	赵正平	徐根娣
王兆瑚	洪朴云	黄源镐	顾正源	张汉英	杨为民	熊庆洋
徐传楠	王令安	周琳林	赵世星	陈锡圭	吴浮坤	戴广鑫
袁家豪	樊培丽	蒯鸿亮	马似如	陆瑞文	虞寿鳌	陈秉辉
王长贵	黄明德	顾品良	屈道成	陈华根	徐勇良	亓锦台
钱次余	徐新符	顾承尼	马昌绮	蔡　牧	张梦玲	郁兰芳
沈兰芳	徐爱凤	王秀英	林秀英	周爱珍	朱洪华	张淑琴
柯丽华	李兆英	黄克芝	戴银凤	沈信珠	袁凤梧	吴凤义
张亚萍	陈连桥	陈凤珍	陈鹤有	李兰珍	蔡世根	周纪度
刘志贵	倪忠为	潘继发	韩忠义	杨崇彩	徐　雷	徐佩英
吴引芳	张世良	李永珍	郭述德	吴和荣	张娟娣	邵银生
朱文华	李四尼	顾三娣	张日永	赵惠兰	何宇珍	李阿珍
侯秋恩	吴桂秀	陈秀英	薛瑞珍	吴国珍	刘文彩	高友娣
陈明德	陆克义	范熙宽	张俭民	秦德根	殷玉珍	杨克林

张世松	马荷娣	付笑云	王秀林	罗润生	王芬娥	童桂庆
董淑兰	林正华	陈仙善	草　山	郭利蓉	邢增长	董义武
石蕴玉	朱桂英	雍凤英	袁秀英	王秀珍	陈翠娥	刘秀珍
丁桂林	朱月爱	邵世荣	沈文扬	王凤英	刘西顺	戴传长
陈光元	张留定	江景忠	徐春林	杨恭明	史金柱	陈乃贵
时学林	丁阿四	王春祥	魏福乐	章全生	黄良才	顾云坤
高东洲	李风律	戈景房	许世斌	杨玉芳	薛绍根	陈安杰
姚来根	刘淑霞	胡其才	王恒香	秦炳生	杨定林	刘德浩
李根成	周其松	何　琛	张富贵	乐海山	潘瑶春	胡润禄
蔡万卿	周伯安	梁培林	王景义	何玉志	曹长有	张明杰
赵宗明	王　平	张福海	李连钧	郑志林	楚国仁	王汝丰
薛玉茹	殷之瑾	何　英	杨　棣	李省芸	唐　耀	李　玲
黄月华	席　仪	裴晓平	李　莲	赵桂英	曹孝俊	葛伟功
唐元福	张务清	周光父	王燕南	鲁德仁	姜亚翼	王太林
冯慈璋	薛忠宝	谢麟阁	周烨志	刘国珍	王　琦	杨　力
程德华	刘振远	王世绍	刘新民	沙震白	周凤兰	李德运
陈璇夫	李林圃	张凯群	王曼云	潘承斌	邹政平	蒋永顺
高秋辉	朱同钧	宋文彬	陆才善	黄含椿	黄松龄	董家骅
钱昆林	陈人亨	程敬之	张德华	金丙元	李盛昌	施明德
刘秉钧	王　琪	刘杰民	刘振华	杨永兴	吴清金	徐式如
樊志容	王光华	张涵埒	黄蓝林	张相权	穆霞英	邹德成
施明诚	宋雅莼	乔宗寿	赵冠春	张　端	彭若梅	欧阳毅
任孝梁	唐泽荷	鲁从勖	杨自力	葛元璋	马晓士	王耀光
毛祖德	马致远	杨莳百	王秉钧	刘国华	陈舜同	刘燕镳
丁玲珠	杨公仆	邓增杰	陈松年	周广权	夏兆熊	王文祥
王壁玉	夏承铨	邱关源	胡清徽	封学民	温伯平	尉寿美
李莲君	王笑天	段立诚	袁家琪	朱秉升	胡瑞雯	谷秀春
焦兆焕	蔡如芬	高应才	翟兴耀	傅世崇	王振山	郭九如
朱珂茵	郝克琦	蔡和瑞	张永照	尹克宁	张自立	周衍禧
王素英	刘福玲	李佩芝	龚怀云	张有恤	潘瑞麟	何培之
黄艾香	葛耀中	卢凤纪	林万超	罗亦麟	张贵勤	孙　漪

刘绍忠	陈光遂	朱敏华	和蕴琳	陈　义	杨锡安	朱慧芳
王兰华	畅云卿	陈静芬	谢洁心	丁月筠	汪流霞	冯逸敏
戴　岳	林苏琴	朱菊珍	王怀淑	张秀玲	杨纪能	赵志诚
李钰镛	黄祺祯	王锡珍	郭开惠	彭美珠	邵玉宝	李瑾华
罗　平	李仁瑛	蒋百森	陈国璋	程淑娇	步忠霞	顾文亚
黄仁嘉	唐伯朝	吴夔文	濮卓华	叶大瑾	徐功博	杨国兴
徐茂义	滕梅生	林惠芳	沈平一	钱映玉	沈俊明	徐得庚
魏爱芳	杜莲英	郝云娣	徐佩芬	周乃瑞	朱转霞	陈香凝
刘鹤云	李素贞	丁玉娥	董国模	董素贞	马世民	梁采章
陈潮江	钦声芳	曾善芬	董宣仪	何梅珍	赵寿祺	姜　飞
任吉贤	李梅生	刘裕国	黄蓉蓉	姜根源	潘宇鹏	吕钟勤
袁竹惠	李志远	陆显清	赵梅蓉	陈世荣	周玉莹	吴秀兰
王艾荆	郑永超	程茂松	王鏑青	严友德	叶奕康	孙玉欣
赵忠堂	包德南	张蛟川	林贤玖	李翔飞	杨　勤	凌宝才
王可法	陈进哲	房立民	赵永昶	崔大同	何仲涛	毛　勇
陈柏年	雷自强	张贵文	郭邦兴	张自升	王善民	李瑞芳
卢志林	汤培其	顾　洹	郁皆欢	郭桂林	丁克宪	沈　森
骆金城	董仁根	王岁省	王天成	王兴玉	程慧忠	刘延荣
董敬贤	王汉勤	李文山	赵立明	童亦青	亓兰秋	陈春仙
胡美玲	林文坡	周丽霞	史逸芬	沈　连	叶盛淼	庄　达
王力衡	宋又祥	庄贺庆	王陈生	姚承范	沈时芳	张宝琦
刘正兴	周佩白	瞿　珏	秦祖荫	伍学正	夏惠琴	叶德璇
王永兰	徐承祖	陈长青	袁崇军	巫松桢	任佩余	王志宏
高华魂	何丽南	洪曼君	乔宗亮	阮金佑	林　溶	李　珊
金定安	陈立勋	喻真烷	朱其芳	丁梵林	陈　昭	邵潭华
孔昭明	王光铨	王裕文	刘辅宜	尤昌德	郭有仪	熊则男
余存义	陈芹元	谢志镜	陆逢升	金维芳	吴韫章	钱秀英
吴道悌	石德珂	童伟雄	许晋孚	夏长江	杨绍侃	朱因远
林　䆉	谈文心	柳树堂	李　妩	闻懋生	姜培正	谈育熙
陈康宁	王迪生	冯允平	陈金德	邱祖康	薛钧义	孙　鑑
薛　锦	屠德民	徐　忠	俞茂铮	金志浩	吴业正	励庆孚

杨月宜	杨锦武	金望德	杨永智	李善亭	刘光硕	张秀珍
葛　信	朱元昌	叶嗣禄	卢培权	江之源	张绪芬	贾传频
房栋田	李春辉	袁仲德	蔡瑞玖	吴乐友	张心田	余永富
张逸如	黄大猷	唐志辉	金慰祖	石　方	钱　鹏	葛　风
李仁德	刘德成	傅根妹	王淑贞	刘继宏	曹鸿谟	于获青
张力生	李佑师	周梦思	华映霞	顾日琴	何寿明	尹英武
余又君	袁竹患	杨秀琴	龚雅谷	陈明熹	王思贡	乔国栋
朱　峥	朱惠峰	杨秀环	刘之忠	袁士珍	王毓說	赵聿桢
王主义	潘国芳	陈克明	闻振兴	苑洪婶	钱兴隆	吴月生
车勤山	路　镁	李光林	陆鸿央	陈则贤	沈伯参	李玖澜
杨晋堦	沈云扉	张秀钰	汤又铭	徐仲达	邹渭臣	李雏康
唐苏英	周　先	周克勤	吴美琴	张瑛玲	赵志绒	顾玉珍
孙　杰	裘寿遐	孟庆云	路金娣	陈凤英	张凤云	黄金康
武建勳	童仲达	韩克恭	李经华	赵德义	龚继宗	汤寿徵
杨炳全	徐毓琏	范异为	杨新村	叶桂芳	陈文良	李良贤
沈祥铭	张人龙	陈耿超	宋馨候	陆松林	王绍祺	林兰英
黄衍珮	张　鸿	包玉珍	胡斯星	孟宪骧	任国忠	盛桂生
洪则麟	刁景秀	余养吾	花承武	李根风	刘　真	周寿庆
王惠珍	刘如星	赵芝富	熊庆正	李志材	韩正刚	辜曾雯
张金陵	朱炳麟	朱雪帆	钱绍玉	王龙泗	徐云风	郑致和
王君仁	纪振鸿	胡　牧	赵广平	蔡民和	杨积应	贵　振
高友祺	刘有宏	孙相礼	杨培英	沈安邝	华鹤轩	费志诚
纪鹤崑	张启华	杨志清	李景春	徐庆顺	浦永禄	英冠群
童丽娟	徐文登	李世卿	刘文卿	惠芝英	陈美娣	华尧山
王宏德(钳工)		王士熏	华绰铸	纪鹤银	田锡生	李春复
业福海	郎顺鸿	吴秋芳	刘云祥	张杏泉	吴忠义	业绍荣
苏英草	从传家	王伯杰	李玉梅	王晋杰	徐嘉澍	骆　进
郑朝刚	党一绥	刘省训	潘家宽	朱明选	卢叶恒	朱良荣
吴孚坤	李治安	章毓秀	徐　祥	许光霞	陆泉元	赵心正
王云梯	王璐璘	俱秀杰	唐祝生	梅　林	陆根富	徐伟楠
赵中修	潘澄明	朱锦发	张复生	徐淑芳	程筱芳	邵锦国

唐满良	张世思	蔡燦珍	储济南	强毓兴	程傅煊	陈耀坤
曾肇明	祝梁济	吴人俊	汤建华	尧元全	江汉良	黄立德
徐开贵	倪兆先	林耀南	谢清泉	韩世细	王明德	张五京
俞根旅	胡煜群	金福庆	谢家树	周淼东	韩振邦	郑惠琴
周馨逸	周孝芳	施荣根	蔡新玉	刘浩君	田 畲	黎长文
原广森	罗瑞麟	刘春海	卜永生	梅建华	毕仲输	柳力果
张宾侯	贾传蘋	丁 风	蒋孝绰	席 代	乔人伟	孙庚西
翁巧仙	张 炲	黄国华	李文英	陈 膳	徐学良	陶杰生
汪树林	沈逢年	杨建依	闫洪恩	王春耕	金蔚祖	马 平
高志辉	李 凯	杨德炳	黄 诚	徐永润	瞿金善	孙化宣
樊迪寒	张景富	宋卫吾	周 真	于荻青	侯志明	朱 骏
徐少章	王鸿备	周叶恩	宋慎元	乌美丽	关贺延	周辉志
姜焜源	包温祺	徐懋义	顾副叶	金永俭	章正明	曾湘娥
刘庆宇	陈用鹏	吴炳威	刘传经	包玉玲	顾 俊	蒋传元
吴应芳	刘天禄	苑如彬	丁卫钦	李仁英	汪启凡	张瑞英
宋蘋秋	杨鹏才	金福全	林永华	王拜昌	汤兆希	陈绍先
张名鹤	万德兴	王金兴	李敬贤	李礼华	陈肖梅	钱增寿
钱光烈	汪东海	徐秉媛	潘家桢	杨昌华	左敬贤	毛懿德
华攀柱	吴庭娟	浦阿虎	芦志林	张文光	徐祖逊	吴银根
王士先	裘志明	钟哈德	顾凤素	杨根棣	杨原秀	李杏根
王 彬	柳根宝	张国钱	袁智国	虞树根	谢阿大	王幼生
钱凤鸣	顾翔溪	曹耀斌	丁志根	单和正	蒋泉生	叶小龙
王佐才	蒙玉鸞	徐子蓉	张古思	毕旸天	叶志麟	高 镇
张文瑾	张宋仁	盛仁东	张鼎臣	于珍甫	墨长胜	汪传祁
吴翼鸟	王毓良	赵聿桢	冯伯根	王义祥	贾玉龙	刘进昌
王茂生	韩本立	冯锡臻	汪炳蕾	顾福昌	李金荣	周载云
蒋杏根	黄大猷	孔砳莎	王安春	陈泽贤	廖船明	吴 甲
何修竹	畅玉卿	汪传娟	金瑞苟	储友华	杨振发	刘子荣
张四喜	顾金根	陈顺生	蔡宝林	张昌裕	胡全贵	李长宝
黄惠清	宋肇恩	黄作霖	周林亮	熊 连	徐阿根	赵阿毛
陈水根	杨锦山	张素珍	赵聿忠	褚明琴	薛耀斌	宗王秀

单　山	徐　霞	章满满	顾金渡	顾文钰	戈文举	沈麒麟
赵　英	许雪良	袁海泉	刘中洲	翟智卿	刘德恒	利正国
杜良勤	史美德	王德明	沈文杨	赵德贵	徐阿宝	姚永云
侯进全	宋永康	顾纪凤	王加余	林国林	袁宗富	王健民
陈锡生	薛　全	周夏清	祝正秀	李万春	刘杨家	王祖荣
陶凤珍	孙桂林	王阿仁	王海连	诸陶珍	钱锡金	丁维汉
仲崇墀	刘金海	董桂庆	马自海	许森林	吕焕明	顾启文
李信仁	张二宏	张大男	唐阿四	孙瑞玉	陈清月	梁进国
马阿三	裘翠娣	金泉余	张进发	吴福根	许金珍	苏万有
王芝云	邵万邦	陈宝松	周福林	田　福	王精叶	吕慰云
董振声	周斌禄	蔡如喜	周荣生	叶崇根	黄荷生	秋文俊
井玉戋	钱小干	牛喜贵	陈天运	孙效琴	周　党	郑启华
胡佛泉	冉光仁	宋登太	樊铁汉	郑永钧	李新甫	董兴民
吴国都	刑增长	李生信	杨凤仁	寻甲寅	吴五善	刘田安
边永信	祁韶荣	陈桂林	秦寿生	叶林森	吴阿标	许五狗
张金山	杨鸿檪	宦文科	罗红光	杨富贵	任广德	叶思通
赵宝林	何香珍	陶阿凤	许春娣	王汝任	王崇科	张伯鑫
施明初	梁福国	姜国栋	李天才	黄天富	黄保民	谢有仓
王保义	叶志义	韩成年	杨　劳	冯新虎	孙　鳌	李遵农
梁文凤	吴震尧	徐鸿瑞	朱凤光	陈国保	胡正家	祈洪泽
吴大卫	安　信	潘曙光	韩锦海	费鸿飞	王溥仁	姜维周
陈泽之	严家骥	周龙杰	邓　宝	余桂发	冯濬开	高士莘
王炽堃	郭尊浪	周克凯	张尚谦	杨有华	陈关清	郑根年
吴鸿檪	宋有高	袁明中	程锡圭	叶启凤	陈九龙	杨万有
萧耀富	虞志祥	杨思保	王者香	袁敏树	钱纪根	杨松年
施国璧	黄世聪	寿月美	潘鸿墀	蒋　鹏	严世兴	郑殿英
沙树贤	邱桂庭	陶梦兰	刘建蓉	王长元	张来堂	时维德
马云生	付茂业	张志群	杨永椿	于声文	毛德良	毛斯芳
李文彬	朱开庭	叶益春	董　高	吴茂生	沈毛头	吴长龙
周其春	周顺兴	吴松青	商登才	周其金	穆生官	刘根生
李宗铭	凌谟永	俞锡桃	钱启华	李向礼	钱启泰	陈阿三

张福根	郃渭臣	李维康	张英龄	范　鹏	唐芮英	顾雪珍
徐洪生	范醒民	张财阳	土　岳	方万星	朱雪兰	张秋梅
于效情	李彩霞	马　敏	田惠英	王　茵	蔡王棠	曹　俊
屠伯泉	杨振忠	李桂枝	陈良琛	朱景秋	查良佩	陆雪高
陈　鲁	陈林峰	张建圻	翁汉明	高文贤	潘礼华	郑友竹
谢思冲	李林福	姚金生	祝其森	顾财明	范镕西	王振梓
张树源	曹亚平	李吉民	高师贞	钟萃薪	李智海	钱富章
李鸿伦	袁中巍	范志信	翟宝祥	张有恒	殷云瑞	王名霞
赵富林	裘忱涛	展　成	顾文达	林有成	姚英杰	周根林
张耀璞	付金益	朱家骥	李世霖	夏功辉	杨光铗	张正定
时兰芬	王云孙	刘世贤	沈鑫达	韩承松	周　易	刘庚麟
刘从箴	李　林	贺　惠	刘燕镳	续昶昭	许志匀	谭蕴玉
张伯良	周家齐	王大鹏	金巳霖	胡竞仙	周家源	徐凤仙
张齐祥	施海奎	毛炳华	陶汉林	黄钟秀	魏全有	王清淳
强敏德	陈剑秋	郑厚生	张燕鑫	马德昭	李　诚	王明法
张王京	华　威	陶钟(女)	俞振旅	余季良	田　雷	刘洁君
顾俊声	卢云清	张大良	汪红明	陈耀庭	曾繁明	毛志祥
徐光熙	肖怀泽	吴济生	林维琪	马建军	和蕴林	李发华
胡　强	董正华	倪曾连	道勒·斯棉科娃		金如堂	李德君
董建文	傅国宝	王一仇	王伯明	杨德娟	王昭瑋	丁瑞凤
陈玉德	王洪禹	耿春华	郭开翰	官国相	沈福海	于化鹏
祝福纯	崔极峻	溝得肿	孙学义	黄永年	郭慧秋	张钟熙
吴新民	徐尤禄	柯文湘	高占明	笪振斌	姜雅翼	许符实
黄楚耘	陆振嶽	王铠淑	龚永寿	孙忠夫	宋雅纯	郑　健
钱锟林	李　堃	张发思	腾梅生	蒋南珍	李省云	毛秉伦
张淑桂	严维冈	蒋耕庠	余家骏	杨季炼	顾慈观	欧阳宪
张文汉	曹惟庆	华道楠	黄启祥	黄宇中	吴德荣	龚剑耀
谢颂正	归振华	张佳慧	萧家熙	王荣明	蔡桂福	丁正明
乔孝纯	郑绍孚	张言年	王锡庶	陈兆雄	张少名	张　钧
纪先光	阮忠唐	周先德	吴西柳	于振南	朱　钧	朱家祎
郑志祥	林绍游	胡敏生	范福钧	黄尚义	王振国	徐锡涛

赵孝昶	程传煊	曾棨明	祝梁齐	汤达华	丛传家	赵云英
徐嘉时	任志广	林耀尚	沈若元	王鸿德	钱宪伦	汤惠民
杨永荣	高朝煌	董萱义	顾器轩	项永芳	汪文东	盛承伟
高顺泉	孙文辉	付君眉	陈永祥	杨文奎	陈敦厚	沈钟炎
胡金海	杨一诚	李德义	骆风崎	邱关元	宁　超	邹正平
程千里	麦承铨	陆忠亮	沈　明	林公达	张少海	王云娣
王静华	潘耀鲁	翁珍珊	陈　志	吴佐良	李应祥	黄达伴
王思文	郑良友	鲁从爵	闵永晖	承绪恢	陈常嘉	璩埭华
沈志新	刘瀚非	罗耀文	杨任远	孟繁漳	沈海源	姜新建
王秉临	麦锦准	李中江	杜学颜	朱建中	李启文	高正民
王诚杲	李连君	李秉升	篮国英	常继圣	党一经	朱春圃
潘承芳	沈柏生	王泉兴	张洪沄	李敬轩	黄志先	陈用萼
毕凤美	糜宝玉	潘德凤	伍启刚	徐士民	张昌煜	张鹤声
张子展	许德兴	李毓梅	吴德地	吴　键	刘大华	徐银铭
顾首良	许爱芳	稽炳麟	薛甫泉	向一敏	刘英哲	王璧玉
冯洛身	单渊燮	李德顺	杨继信	陶坤荣	郑创新	朱復中
邹阴清	孙光三	石淑仙	常鸿寿	韩鸿兴	薛天鹏	周子成
徐芸芬	陈东辉	史雅玲	宋百龄	任行洋	杨翔翔	宋大雄
杨典庆	诸燮明	王允中	姜农章	赵克勤	罗永良	沈成文
郑公肃	王金弟	徐世铭	郑德馨	蔡俊德	候国华	庄锦祥
林葛超	王本良	王宜义	何宝培	吴俊林	唐涪阮	林　蔚
孙国兴	陈茂贞	林厚瑜	周友芝	刘桂英	蓝根牢	程世勤
卢淳鑫	胡源通	李德寿	华自圭	赵继普	董　金	张明珠
劳善庆	谭宠予	周仁才	林品光	田鸿生	朱惠堂	徐金书
杨柏镛	滕贵珍	杨胜祖	程彩莉	高友麒	叶福海	邵顺鸿
叶福海	郁渭源	叶绍荣	梁玉琼	李士瑜	陆德明	张培德
糜文斌	王宏德(教师)		王士勋	须玉堂	陈兆琨	赵鹤林
华仲轩	钱进元	褚龙生	周寿根	李其发	孙迺宾	叶惠卿
莫福根	糜肇芳	赵连根	沈安邦	贺志成	张殿华	俞绍祺
朱奎林	华克山	张　贮	胡锦林	梅延庆	李阴松	朱　锦
金宁一	李凤律	毛福贵	徐幼君	汪金玉	杨开明	徐永康

季　岩	柏永新	郭菊芳	张　楷	高文仙	陈忠俊	丁守英
江枸良	史习敏	程启柯	沈家本	郑振龙	黄淦孙	王荣航
孙建飞	寇成林	李东海	姚根祖	袁中岳	柳兰荪	龚浩发
朱根荣	王保林	戚九皋	周志渊	于修德	陈子文	方莲华
周光琪	周偕森	施庆烽	吴启东	刘松年	余铭尧	倪凤仓
王根生	朱金保	仲崇桂	武存俊	危育吴	谷景铭	杨侯虞
吴玉珊	郗蓬俐	余仁捷	杜鼎九	李志强	郑　枫	单容贤
赵　玦	罗云珍	易国渊	程新甫	葛嘉训	王方正	顾玉城
汤琦谷	谢宏任	龚起武	戎　莹	金双修	赵乃斌	何金铎
张湘彬	陈正直	文荣清	褚德明	陈春芳	吴赏莲	王立士
嵇　醒	刘福保	吕植民	石以忠	徐国绪	羊耀枫	邹焕新
孙厚镛	张树笶	周树藩	姚家华	陈绍印	苗锡章	丁履量
龚茂恒	陈子晴	吴百淳	陆家训	郑祖光	陈守五	李定远
刘蝉锦	袁永源	王家荣	洪起超	徐青萍	钟廷修	赵象铨
于乃旬	夏企曾	刘力行	郑浩然	唐增宝	乐镇威	胡庆康
顾伯泉	周世昌	许行楷	李锦临	沈德贤	郃济然	游兆永
王景蓉	石建成	叶维平	高继郁	林诗雄	马建章	洛叙六
蒋锄日	唐象礼	徐宜铭	黄启宇	高慧贞	张瑞德	袁运盛
曾宪永	虞双根	唐佑华	黄喜才	曹毅履	吴鸣樑	杨人安
周建枢	陆德慧	段品卿	贾映壁	吴振国	江　崇	马兴波
汪荣鑫	张书选	毛关民	周德晖	徐文萱	耿　济	张德顺
宣泰章	沈黛云	赵　敏	芦志云	陈香颖	康志忠	苏芝兰
沈仲芳	傅承崇	周木濂	陆旭辉	王月琴	杨阿锡	杨香华
严安兴	庄　由	秦绩荣	臧庆先	郑家麟	庄天戈	张令初
蔡同荃	浦华修	苏宝琴	揭鸿运	王福培	沈懋如	李宗林
朱文娟	刘鹏飞(电工)		胡金光	周希贤	吕叔康	汪国杨
黄祝南	施人义	徐达夫	赵号民	高青苗	刘根起	景永源
刘秉海	李根凤	姜衍智	文　矩	麦大治	高俊敏	刘秉仁
周炳根	卢芸仪	孙启宏	华渭年	朱声石	李阜正	赵国藻
曹耀中	萧　畅	黄家焕	刘乐山	薛道展	吴维静	冯昇平
周方云	黄振兴	胡凤昌	孙金灏	叶蜚誉	张鼎甲	梁广明

王小同　周淑英　黄觉雏　陈泽沂　韩　昌　陆傅良　侯金根
陈国强　胡国鹏　王金元　齐　涛　王玉璋　王敏颐　陈冬至
柴文通　雷献亭　窦思铨　刘奎芳　顾明蕊　丁　慎　沈和珍
施明斌　孙文卿　梁居崑　傅龙舟　陆根基　刘美亭　张天民
王丽珠　王毓英　章冠德　顾颖严　柳玉美　王销清　刘金铮
邬崇章　祝颂和　王建勲　乔麟荣　叶良勲　张承卿　许乐泉
任永元　王偲偲　黄　晴　康裕源　陈泽炘　胡汉章　钱鸿章
褚家麟　范鸿滏　丘弟魁　于复曾　许大钧　林廷炘　许栋梁
周继洛　张泽仁　徐佐仁　黄明志　俞德刚　涂　铭　孟广诚
沈炳正　戈鹤翔　张镇一　屠传经　陈锺颀　钱文瀚　林毓琦
戴景宸　蒋国雄　邱淑昌　陆谷宇　毕丽天　林　镳　黄孝诚
伍恩华　胡之光　陈绎之　邱贤锟　顾立篪　曹余庚　秦积荣
王建勋　刘其昶　邹兆年　姚培洪　黄华庭　张汉阳　陈鸿宾
顾元壮　薛纯琪　曾启明　梁文风　冯浚开　潘延陵　杨延篪
顾文逵　于国昌　叶增雄　吴进根　潘礼毕　姚玉麟　殷红梁
冯玉娣　华申吉　朱继梅　周鑫逸　邵济熙　赵孟养　王景容
李德元　叶唯平　李永棠　杨李炼　王慧芳　孙　敏　周梦恩
李　冰　陈月秀　乌美莉　刘露茜　潘达仁　张汉亭　王毓让
汤寿征　陆炳生　朱庆年　师国宝　陶定宽　杨锦德　奚文垣
宗慎元　王蕙郁　郑公素　嵇炳麟　傅承宗　陈炳勋　周本濂
徐庆余　施人美　李世英　刘涤馨　杨国一　章生安　王鑑淑
沈　锐　张发恩　张树沆　锺萃新　翟定祥　董道文　许振凯
王昭墿　汪纪明　徐先熙　沟得胜　王风瑛　潘鸿迟　王敏秀
崔极俊　祝静芳　熊振仁　周家乔　强敏德　胡竞仙　徐夙山
周宗源　张旭璞　韩永松　沙　澍　陆振基　吴维新　黄金荪
杨公僕　房楷年　齐维浩　郑康生　孙健飞　崔顺安　严金坤
周浩森　李疎梅　黄世樑　许德与　张永熙　桂颂馥　孟庆荣
冯裕身　单渊燮　林金练　朱汉鼎　蔡炳炜　邹隆清　任行祥
栗柏龄　蒋淡安　陆岚廷　汪国樑　邱贤坤　侯恩堂　顾立篪
方志城　曹锦庚　蔡冈荃　浦艺修　王褐培　王协权　邱关沅
林公逵　江慰德　邵自谦　赵修荣　吕云峰　戴振霖　郭嗣显

阮新民	王福来	周行是	胡钧涛	李佩成	侯文杰	张廷汉
马学尼	陈才旺	刘景翼	叶良勋	黄维德	李　勉	张开泉
侯国本	赵乃熊	迟耀瑜	钱善琪	黄世清	罗鸿鸣	李建中
林兆莪	张泽惠	王国骥	王　堞	王通林	袁倍阁	王世定
张炳勋	刘恩锡	薛登魁	何文杰	张亚雄	吴增谅	梁源祺
刘　蕃	金钟元	程振宇	徐家尊	林其樾	栾鸿儒	陈景樑
茅荣林	黄元清	孙振天	吕兴祖	崔维志	曹顺富	陈炳华
吴一匡	袁发荣	张潜曾	周洁澄	阎晋垣	刘正民	吴　柄
杨全民	黄自谨	王富成	蒋长亢	黄　畸	李遵蕤	张彦法
龚铁山	吴　磊	丁模荣	刘大福	叶淑君	张世煌	张建和
周国璋	吉崑岗	万体德	李如楷	陈兆民	黄松梅	王克成
石麟生	杨菊生	潘任先	陈锺钰	汪锡英	胡允中	耿学勤
史文田	章继光	沈坤元	陈锦武	王景海	杨锦烈	罗丽英
刘彭智	李家贤	袁　伟	赵尔慧	何丕承	郭治国	李志耘
聂大田	王文焰	王恒善	董　琛	秦务光	沙宠信	韩顺理
洪淑玉	朱慧芬	施丽珍	何运林	朱凤书	沈汝源	徐邂良
程绪恢	鲁从勗	赵自立	彭家福	刘介诚	王志如	郭有康
王凤远	罗建国	王介生	瞿泽民	陈景华	杨乐宁	何风山
王晓玲	吴立民	段明智	毛寿衡	顾行方	王清波	王树惠
王鼎泓	许宝锋	张钟英	郭秀珠	韦炬明	李明义	姚　穆
蒋素婵	李秉让	赵漱石	张清武	蔡家榴	周晋康	李　鋆
李枚萼	刘重贞	张平国	杨玉丰	左纪文	黄柏龄	丁克宽
邹开徵	何新义	耿景林	王廷武	杜玉枝	高　桐	杨作勋
蒋芷华	刘怀恒	何慎则	唐清海	贺敦良	李玉琨	田傅谨
张玉璞	孙昌纯	李家砥	席昭明	门广学	魏墿国	杨仲平
廖启徵	王　深	曹淑霞	李树森	闫　润	姜伯熙	李维坚
张廷范	黄树模	郭　泰	王世熙	刘冠姝	何唐镛	俞明亮
朱玉仁	王树仁	李世文	赵定利	唐祖章	韩启斌	伍定华
闫嘉祺	顾宝荣	张　钵	黄作华	龙荣生	陈扬杰	傅炳章
闫文敏	李　晋	胡广韬	贾尚仁	李守章	张居仁	曾祥熙
宋克强	刘兰亭	张镇生	薛纯琦	孙子美	萧迈侯	张树侯

高正名	潘先觉	谢基玮	徐建学	顾百泉	王允民	许庆馀
陈文荣	赵秉铨	杨延篪	王增润	吴崇德	田长岳	殷鸿樑
杨康岑	汤玉娣	吴大衔	黄应祥	丁尧石	马忠民	瞿光德
郑昭亨	孔午光	谢友柏	朱家玮	芈振南	吴西柿	林兆游
唐熙干	刘成章	杨卜安	向英华	夏宗伟	侯双根	蔡叶信
张学华	曹敦履	龚至聪	毛关明	周清晖	袁继宁	贾映璧
江　道	汪德顺	璩棣华	张振生	蒋孟厚	沈三宝	钱小应
单德根	孔大卫	汪人和	何锦例	杨康令	邓定国	何正嘉
董树梧	高清苗	费至诚	庞景芝	董席椿	郝其英	顾剑令
董汉章	毛思芳	王　韬	李绪芝	顾全荣	沙隽勖	朱风光
李永清	李苏生	沟德胜	潘全魁	蒋傅元	陈绮芬	董仲达
任祖杨	王传本	梅汝瑶	徐　林	汤寿徵	陆杏奎	毛一德
陆瑞英	江东海	王清林	苏纯美	王小辰	杨新邨	杨志盛
郑志和	陈肇炎	郭振东	郗蓬莉	谢宏仁	杨傅淳	张丽彬
周钧琪	姚慧珠	马家兰	武存后	杨溪虞	张振霞	赵正心
梁庞源	牟逸情	沈杏芳	吴作政	魏郁林	杨建华	张世仓
王建新	杨晋偕	张铭章	顾乃文	方万臣	蔡玉棠	郜玉宝
孙明玉	于效青	陈　衣	韦正明	李德培	孙步章	赵韦桢
刘元忠	汪炳荣	孔稼浩	李光朴	盛剑青	吴淑翠	龚保珣
段淑琴	吴翼马	虹　琳	李孔晔	王玉让	章玉珍	朱清泉
王关荣	李生华	贾傅蘋	刘　选	吴振东	熊庆祥	薛茂德
王鑫源	陈万山	宫书锦	莫　莉	蒋填珍	张积永	陶健生
卢志云	赵文英	黄肇基	赵创基	林菊媛	沈纲珍	赵星民
胡俊儒	吴根宝	孙云娥	朱善初	芦云仪	陈百年	金秉章
徐文义	薛学斌	吉志达	殷妙珍	王宗兴	姚希望	闫鸿恩
杨继能	魏之煜	张小燕	范镕茜	李桂新	陈崇孝	傅根姝
王序歆	尹恒德	王恩贡	薛鸿飞	李　勇	吴维凇	陈伯斩
赵心岩	徐文华	路月珍	雷淑芬	余文君	黄廷荣	胡霞英
郜锦国	钮先骊	赵世瑛	尚芙蓉	王桂芬	赵秀琴	李淑玉
夏吉英	周琳琳	李复俊	王　浩	丁月葯	蔡雪慧	王能宜
蒋静娟	钱凤娟	倪婉瑛	陈夷草	曹秉秀	吴月华	杜　顺

魏荣先	薛荣生	封滔英	钱振远	章以娃	陶谨芬	朱金宝
岳严明	陈忠义	邱培智	王阿才	杨远依	李一民	王监淑
郭云霞	张云莲	亢奋生	于潮纲	王振中	余振旅	李菱华
万元璋	石同莲	马世达	钟萃新	邰济煦	唐祐华	张维韬
刘学俭	易时中	张克杰	林秀蓉	陈志芬	黄正东	夏锦淮
颉廷禄	秦守正	黄达沣	闵永辉	马剑吟	陈大德	邱　蒙
彭存尧	黄　强	王庆纯	贺永佩	杨素清	张超卓	陆才喜
邹换新	陈绍冕	潘光觉	冯　宸	孔昭月	王充德	夏启曾
郭芬田	郭天德	江朝浆	雷务本	张直明	黄念椿	杨蔚蓝
周光德	林　钧	李质芳	王振东	洪钟瑜	匡震邦	杨自立
谭蕴玉	王清涛	施君克	芦振荣	董　愉	刘葵鑣	朱士勤
张明列	顾光锡	王　敏	陈光墀	丘第魁	蔡建国	陆还珠
张涵浮	刘德钜	林延圻	张景湛	蔡华麟	王子猷	薛金官
谢卫华	陆鹏翥	陈顺芳	朱　飞	张子公	郜大文	陈洪澜
王丽秩	陈　菁	黄震中	沈其昉	陈士仁	谭龙予	余滋璋
王可猷	周定远	戴　衡	李锦章	丁逢元	朱振华	李树勋
郜湧源	邱凤翔	匡一心	唐裕源	苏宝善	郑宜庭	杨瑞兴
吴仁育	袁信可	周　谨	周金琪	吴耀辉	沈育毅	许国栋
杨明坤	祝云鹏	高振宏	时久美	陆声庭	吴　健	洪春华
刘　谦	庄其元	林精权	黄祥麟	俞纪伦	陈维中	谢长豪
王盛才	王瓒先	缪道平	肖永宁	郑　镐	何新谐	殷子嘉
王秀琳	黄祥新	陈正包	赵春年	张梦飞	陈文允	孙秉枢
翁泽民	李瑶珠	姜　桐	朱报桢	郑复中	周志成	孙世昌
许志忠	董孝强	吴宝芳	赵邦璞	李在根	续　俊	张淑娴
赵俪华	乐振祥	侯恩奎	李肇寰	李圣光	吉鸿林	张汉扬
王冲达	林绍报	刘子玉	吴　炯	叶慰恭	金嗣煜	熊德琰
华渭年	许道展	冯载生	黄景仪	吴国瑜	孙金浩	陈绐觉
肖衍明	秦宏俊	李永发	楼礼恭	梁居崐	黄复生	王浣尘
潘渭清	郭廷惠	刘鸡红	虞邦元	余美芬	陈鸣彬	郭明阳
李耀庭	阮天豪	沈君玉	高崇龄	李丰享	单锦陵	沈锦德
陈景琦	王平寿	钱慰宗	张鸣华	陈松华	胡幼青	冯银丹

成　行	匡　正	吴兆熊	曹碗贞	吴贻善	张良莹	刘子万
单越波	崔兴祥	周茂信	潘恒石	卢　林	朱谨权	宣国荣
陈辉堂	黄士冲	王月娟	王秋泉	林贤忠	施益范	李永庆
赵建基	郑守琪	郭晓鸥	李全举	刘树棠	冯宵鹏	麦慧琴
杨龙琪	陈泽谋	邹振坤	秦蕙兰	郑振强	赵树范	马文祥
陈荣钦	张春寿	孙立亭	王振铎	朱长发	邱锡贤	尹帮华
孟中岩	王宣民	张慎良	张乃道	王凌云	王庆芳	毛鑫元
陶丽君	史兴仁	惠　民	于文砚	乔树森	孙良钰	刘家齐
刘中毅	黄德秀	许鸿洗	刘预知	季德全	葛傲寅	毛傅贤
沈　莲	王日毅	李受之	张法礼	蒋伯诚	周祖铭	姚其康
林富灿	刘汉生	林曼丽	黄　飞	刘思美	彭正林	王宏灿
熊国立	丁樸荣	田明伦	石林生	樊高龄	杨甚运	刘智彰
李仁柄	方开泽	谢定义	范正铨	胡　仁	刘　农	吴曾谅
薛登奎	袁清阁	范荣生	陈钟玉	袁　玖	李贤银	石怀理
黄自瑾	崔维忠	闫晋垣	蒋长元	周法澄	姚　尧	车成文
康吉祥	闵忠诚	施丽贞	王云涛	秦婺光	王文熠	段家训
杨思植	唐馥泉	吕淑霖	林文鎏	胡蓓弟	赵淑石	陈瑞隆
黄柏玲	郭存康	杨玉斗	行有群	刘泽民	何凤山	潘兆钧
王爱梅	潘左德	杨永生	李景之	王茂芝	王文斌	刘鹤林
张世喜	牛长山	朱世华	袁正英	朱営康	刘花云	王玉文
杨应积	杨国益	汤绮谷	刘凤珍	武玉贞	王恩义	彭　斌
陆翠宝	孙乃滨	赵如意	王熙凤	王小牛	邱颂熊	陈炳泉
顾秀凤	许恒庆	谭宠与	陈泽忻	杨仁清	葛恩华	虞红芝
陆瑞芳	盛剑清	贾长春	顾文英	熊宇良	殷素珍	杨庭康
范慧琦	刘启道	吴美英	沈桂荣	楚国珍	须玉棠	单荣贤
顾才明	李正安	杨春荣	吴凤仪	徐长高	杨思海	宋频秋
张　诏	孙秀英	方万兴	常玉林	朱秀梅	王金荣	陆瑞芬
李光华	邱昌容	赵明源	樊百昌	江柏良	费　俊	孟光诚
张国良	许志中	潘旭鲁	徐少文	金保生	朱惠明	王素珍
沈官秋	赵家法	孙仁樊	陈士英	袁复兴	史顺富	姚泳云
付茂叶	张玉京	李　崑	赵定钧	于宝银	史瑞棠	孙贵林

朱思芳 许栋樑 倪鼎型 贺 勋 伊清明 宋文通 祁洪泽
徐云凤 汤云升 范水生 徐瑞珍 吴昌禄 吴 敏 周其全
周家瑾 王纯义 刘国琇 刘扬家 张宝树 吕秀英 王宽楼
倪凤洲 沈阿生 唐兴恒 石言钰 徐世宏 王诚国 吴友杰
李汉根 张滋伟 周淑瑛 汪鸣松 徐祖逖 吴廷娟 雷生荣
陈石英(女) 邱贤锟 候恩奎 刘思科 汪立椿 徐乐泉
梁富国 申玉峰 陈兆荣 刘荣清 许学凤 鲍其珍 桂酒黄
周学文 王金生 杨玉娣 董明夫 盛剑倪 薛纯珠 徐启光
王根祥 蔡桑信 刘鹏飞(教师)

参考文献

1. 西安交通大学档案馆馆藏档案 1955-永-20；
2. 西安交通大学档案馆馆藏档案 ZLF1-87；
3. 西安交通大学档案馆馆藏档案 ZLF1-88；
4. 西安交通大学档案馆馆藏档案 1957-C-0001；
5. 西安交通大学档案馆馆藏档案 ZLF1-85；
6. 西安交通大学档案馆馆藏档案 ZLF1-89；
7. 西安交通大学档案馆馆藏档案西交党发[2006]4 号；
8. 凌安谷，《交通大学内迁西安史实》(1995 年西安交大出版社)
9. 西安交通大学档案馆馆藏档案西交后[2006]16 号，2006-XZ15-1；
10. 西安交通大学档案馆馆藏档案 SW-2014(870)；
11. 上海交大档案馆藏长期-0358。

交通大学迁校纪念章颁发名册(2006年)

陈学俊	史维祥	张肇民	程润田	彭彬	邹理生	王其平
胡保生	陈世坤	陈楷	曹龙华	罗晋生	任组扬	杨晋堦
陈丹之	马鼎璋	蒋潞	朱宪华	何卓烈	陈楚杰	章静
唐余璜	吴镇东	徐庆余	英明	李才英	刘茂池	陈夷
李素范	李金和	于荻青	林春润	陈钦德	朱长庚	苗锡璋
陈秉勋	司继宝	倪超	杜菊生	翁培芳	王仲康	喻中周
吴杰	王立义	陶春池	张凤云	周光	吴志明	陈德桂
林宗虎	姚熹	谢友柏	汪应洛	屈梁生	蒋德明	孙国基
王季梅	蒋大宗	金精	郑守淇	万百五	许绍李	李怀祖
潘克煜	周龙保	王锡凡	李人厚	陈听宽	马知恩	徐传骧
沈亚鹏	陈纯正	傅君眉	林毓琦	丘大谋	苏俊义	朱均
袁旦庆	朱继洲	邱昌容	苗永淼	许晋源	陈钟颀	钱慰宗
吴百诗	周光祺	杨延篪	陈国光	卢烈英	陈瀚	何铖
石华鑫	王绍先	许庆余	宋余九	刘静华	胡奈赛	顾海澄
何家雯	刘禹门	黄德琇	吴励坚	黄文华	陆棠	傅玲玲
何金茂	尚振球	肖惕	范丽娟	黄俊	朱敏华	马乃祥
盛寿麟	赵卓贤	屠善洁	沈赞埙	钱钟厚	宋文谦	何秀伟
葛景滂	唐杰	梁伸	刘国柱	王佩珠	张镁同	于伦元
薛学明	江家麟	唐融安	吴南屏	张志清	方鸿发	李光琦
朱楚珠	陈金贤	陆文化	顾积栋	盛剑霓	邱毓昌	夏道止
严璋	陈贻桂	汪立椿	徐建良	唐立森	吴受章	刘恩科
蔡元龙	汪文秉	刘文江	蔡祖端	陶谦坎	俞察	郭干慈
韩世纲	虞洪述	范全福	纪嘉林	徐伯康	高镇	周庆德
戚继皋	叶希程	袁家骧	赵静远	苏保善	董树信	谢关煊
汤达	龚定安	林其骏	饶启昌	黎德玲	李承绪	张言羊

储家佑	何纪运	罗洪田	张娴如	葛思华	卢振荣	谭玉山
林廷圻	楼志文	童云生	党锡淇	乐美峰	俞茂宏	徐桂芳
陆兆祥	张云祥	邵济煦	柴秀锦	蔡灿珍	石建城	庞瑶华
王瓒先	张惠华	费向麟	韩绍辛	冯卫国	吴达人	边绍雄
刘光宗	谭连城	陈焕生	马　元	尹邦华	吴厚钰	贾斗南
胡福林	黄中岩	孙育成	马立达	张剑冰	杨荣昭	廖月清
聂钦海	程志英	李榕基	万家翔	吴国荣	翁世仰	周森冬
张锦文	徐婉珠	顾俊声	章德安	沈贤德	顾福根	宋寿衔
王景容	丛敬同	余学良	吴明玉	查良佩	王则茂	朱钰鹏
莫　珲	高景孟	蔡恩琼	庄为其	姜士馨	严子敏	熊庆洋
罗立敖	宋声威	杨兴德	程锡圭	黄源镐	包德南	赵世星
陈达时	邹西缪	李嘉红	朱道珍	李荫松	马似如	何世燕
戴志斌	张荷龄	张　曼	杨康令	施君尧	徐尔昌	张正立
洪朴云	杨为民	葛　信	钱次余	李启高	钱绍玉	赵洪美
吴维松	唐鉴民	周逸珍	易君三	陈勤瑞	徐云官	石娜娟
顾正源	方志文	徐亚林	黄蓉蓉	徐佩芬	赵继麟	陈秉辉
沈网珍	王惠郁	章以銚	谢天吉	陈华根	陆自英	施少康
许明顺	俞永富	孙明欣	孙魁元	戴广鑫	屈道成	黎佩珍
王　彬	陆宏兴	李广林	申道蓬	纪洪坤	王柔春	王长贵
王惠娟	殷淑圭	钱秀珍	陶瑾芬	戴经培	徐秀援	徐根娣
周琳林	俞瑞春	光相中	席俊秀	盛梅华	顾锦洁	朱凤攀
郭慧君	朱德宝	魏可望	王令安	樊培丽	丁锡英	孔丽莎
王守基	沈养民	张惠琛	钱菊轩	杨仲民	陆瑞文	贾传华
徐鸿生	王蕙珍	顾品良	陈敏华	陆秋宝	卢业恒	王瑞芳
骆　进	兰国英	赵正品	吴孚坤	王世楠	金忠正	唐志挥
王锦清	刘佩璇	吴祥龙	徐云芬	陈晓务	侯国华	徐伟楠
蒯鸿亮	徐勇良	周宗湘	杨传淳	陈世菁	黄士康	刘慰玲
单钧艳	陈林娟	梁庆源	袁家豪	吴柏梅	翁巧仙	张玉璋
黄平姝	虞寿鳌	胡霞英	严根弟	吴彩霞	徐新符	张霞红
黄明德	王丽华	叶笑梅	陈振祥	潘锦云	王福莱	金瑞荀
蔡　牧	周玉莹	亓锦台	洪秀玉	曾省三	张汉英	顾雪琴

方兆楣	叶大瑾	丁玉娥	何梅珍	钱映玉	董素珍	彭美珠
程淑娇	蒲卓华	傅根姝	冯逸敏	邵宝玉	王兰华	王锡珍
步忠霞	杨宝珍	陈　林	赵保林	司徒明宝	宋文德	张广范
洪振华	朱金海	周云标	徐钟南	裘彩娣	顾玉英	郁兴明
阮学忠	汪永珣	刘金龙	朱文兴	周云飞	李兰卿	叶福海
孙美萍	范俊英	林大梁	季　宾	王金川	师国贤	翁国善
朱根生	李鸿舒	翁安梅	杨恩保	王文玮	陈美娣	张学科
沈福生	纪振刚	孙寿谦	余根林	陈杏生	沈嘉珠	诸桃珍
华伟铸	李鸿妹	管开良	张　贮	褚龙生	杨明飞	朱定富
李智芳	陈婉艺	陈奉献	芈振南	徐曾荫	唐照民	唐克中
施　仁	张明烈	徐凤仙	姜　琪	赵汝嘉	肖迈候	陆耀桢
朱仁初	汪惠雄	黄幼玲	夏永源	陈绍汀	郑丽芬	吴慧中
鲍家元	沈祖达	孟庆集	沈文钧	翟　钰	余秉钧	乔宗亮
徐稼轩	徐健学	陈永江	高桐生	李超俊	刘桂玉	王以和
谢鸿济	余文龙	章燕谋	朱报桢	计光华	何新楷	杨锦武
雷自强	张秀珍	朱元昌	葛伟功	赵桂英	杀震白	唐元福
李省芸	周烨志	鲁德仁	王燕南	庄懋年	王笑天	杨公仆
施明德	夏兆熊	李昌盛	朱同钧	陈人亨	陆才善	施明诚
毛祖德	刘振华	宋雅莼	乔宗寿	丁玲珠	潘承斌	马昌绮
徐茂义	谢洁心	徐功博	张蛟川	陈柏年	李仁瑛	黄祺祯
李钰镛	罗　平	陈静芬	蒋柏森	陈国璋	顾文亚	吕钟勤
严友德	郭邦兴	卢志林	李瑾华	陆显清	杨锡安	徐得庚
董宣仪	王怀淑	郁皆欢	李翔飞	滕梅生	林苏琴	朱菊珍
张梦玲	叶奕康	杨国兴	董敬贤	戴　岳	吴夔文	刘鹤云
顾承尼	刘德浩	陈鹤有	沈文杨	秦炳生	丁阿四	张世良
周纪度	吴和荣	陈仙善	石缊玉	戴传长	史金柱	韩忠义
李风律	戈景房	乐海山	范熙宽	陈乃贵	顾云坤	张世松
潘继发	邵银生	蔡世根	张日永	徐春林	吴序堂	李　玲
王世绍	周光父	刘国珍	杨　棣	谢麟阁	王　琦	程德华
刘新民	李德运	王力衡	周衍禧	唐泽荷	张凯群	穆霞英
邹德成	蒋永顺	裴晓平	冯慈璋	席　仪	唐　耀	李　莲

蒋咏秋	郝克琦	徐式如	邱关源	杨莳百	邹政平	王秉钧
钱昆林	陈舜同	王　琪	陈松年	夏承铨	段立诚	葛耀中
张涵浮	刘燕镳	翟兴耀	金丙元	温伯平	杨自力	尹克宁
黄松龄	刘国华	黄艾香	王文祥	周广权	姜根源	陈潮江
陈世荣	陈香凝	林慧芳	郝云娣	梁采章	赵孝昶	唐伯朝
沈俊明	程茂松	丁克宪	杨　勤	钦声芳	王汉勤	姜　飞
王天成	李志远	陈进哲	王岁省	沈　森	王善民	董素贞
汤培其	杨纪能	朱转霞	王育清	畅云卿	何仲涛	汪流霞
陈　义	杜莲英	草　山	王春祥	罗润生	何　琛	蔡万卿
刘西顺	杨恭明	魏福乐	王恒香	邢增长	高东洲	秦德根
姚来根	胡其才	时学林	程敬之	卢凤纪	林万超	邓曾杰
何培之	锁　铮	王耀光	曹婉真	潘瑞麟	郭大展	徐乃杰
冯连生	张建奎	郁凤章	秦树德	陈　增	周和生	王阿根
谭俊生	翟启光	王士勖	王景新	修玉忠	司徒忠行	陈旦华
许振渠	刘国兴	陶耀宗	梁祖国	周锡兴	寿奕松	赵益清
吴程万	施斌生	严申府	王盛福	万洪祥	叶志诚	吴志荣
宗玉秀	宣鸿根	杨鹏万	吴有钰	许春西	张景仁	郁兰芳
董宝连	汤富贵	黄慧清	陈永安	王　灿	沈信珠	陈清华
倪德权	张亚萍	杨毛头	张翠珍	周莲英	华林根	姚有才
童桂庆	张杏书	韩金水	侯进全	马文裕	袁维清	袁秀英
张连宝	胡阿宝	陈德顺	闵根富	沈炳南	贺来昌	谢欣浩
冯自海	李德银	仲宗墀	顾启明	李广顺	许广修	稽振歧
陈青月	叶志源	李向丰	陈荣堂	陈连侨	沈永生	杨立宪
吴桂英	杨定汉	陈金林	王资源	韦成宝	周景象	张友昌
顾家桐	陈阿大	罗洪光	朱洪华	吴凤义	张成和	吴寿丰
沈子孝	陈守义	李宗铭	陆锦心	储友华	周万银	周金贵
吴黑利	薛绍根	王百林	王汝丰	杨定林	朱在庭	周其松
潘瑶春	吴悦珍	诸凤明	赵泉兴	吴冠群	陈俊华	卢志华
杨佑之	杨月芬	张启明	高全林	杨建聪	陈顺兴	袁凤梧
冯光辉	周锦明	陈泉生	周德荣	刘同和	陈家田	周水泉
纪鹤银	许广武	赵聿忠	解宝琴	吴淑娟	诸明琴	江之源

潘　季	朱因远	许晋孚	沈　莲	王永兰	陈　昭	邵潭华
石德珂	谈育煦	陈康宁	童伟雄	宋又祥	杨绍侃	尤昌德
孙　鉴	张宝琦	刘正兴	周佩白	秦祖荫	叶德璇	巫松桢
任佩余	王志宏	丁梵林	吴韫章	吴道悌	冯允平	夏慧琴
周丽霞	谈文心	刘树堂	闻懋生	高华魂	姜培正	林文坡
庄　达	洪曼君	王光铨	陈金德	黄嘉豫	王陈生	姚承范
沈时芳	陈长青	陈立勋	朱其芳	陆逢升	林　槑	谢仲生
叶盛淼	史逸芬	王裕文	何丽南	杨永智	金定安	李　娀
钱秀英	陈芹元	谢志镜	夏长江	邱祖廉	阮金佑	叶嗣禄
王壮志	金维芳	余存仪	薛钧义	刘辅宜	徐承祖	郭有仪
陈春仙	袁崇军	喻真烷	卢培权	熊则男	林　溶	庄贺庆
毕镐钧	顾林祥	王世昕	郑善维	范效良	凌安谷	沈桓枌
刘光硕	金望德	金志浩	吴业正	马志瀛	徐　忠	励庆孚
俞茂铮	薛　锦	黄家仑	江慰德	励鹤鸣	候夔龙	邱元仁
葛文运	赵文涛	徐文权	王桂芹	沈伟君	张鸿庆	郁永章
马致远	朱秉升	郭九如	任孝梁	袁梅玲	张庆男	汪国梁
陈寿田	彭若梅	张永照	胡瑞雯	傅世崇	王光华	刘福玲
葛元璋	高应才	张有恤	刘毅夫	杨永兴	黄蓝林	傅金益
蔡如芬	蔡和瑞	邱昌济	王振山	刘秉钧	符天武	鲁从勖
胡清徽	尉寿美	孙惠康	李莲君	焦兆焕	张自立	龚怀云
吴清金	赵冠春	王璧玉	刘杰民	谷秀春	朱珂茵	张相权
邱　豪	孟繁森	姚国维	胡柱国	钱立伦	马　骐	赵心瑗
张鹤立	孔昭月	王素英	宋文彬	张德华	程慧忠	林贤玖
杨桂应	赵梅蓉	凌宝才	马世民	任吉贤	顾　洹	孙玉欣
王艾荆	刘裕国	张贵文	郭桂林	骆金城	刘延荣	和蕴琳
仝有琦	董国模	郑永超	张自升	李瑞芳	黄仁嘉	曾善芬
郭开惠	刘淑霞	郭利容	何　英	薛忠宝	曹孝俊	姜亚翼
李林圃	张务清	陈璇夫	杨　力	刘振远	王大林	周凤兰
殷之瑾	黄月华	马晓士	董家骅	欧阳毅	胡美玲	樊志容
袁家琪	黄念椿	高秋辉	王曼云	丁月筠	李素贞	潘宇鹏
王可法	魏爱芳	曹家珍	李梅生	周乃瑞	沈平一	张秀玲

董仁根　朱慧芬　赵立明　崔大同　赵志诚　黄良才　张淑琴
柯丽华　李根成　顾文英　陈凤珍　杨克林　李兰珍　郭述德
李文山　房立民　王兴玉　毛　勇　赵忠堂　吴秀兰　袁竹慧
王秀珍　刘秀珍　杨崇彩　徐　雷　张俭民　江景忠　梁培林
刘志贵　倪忠为　徐佩英　顾三娣　陈明德　陈安杰　陆克毅
王秀林　王芬娥　董义武　丁桂林　邵世荣　郑志林　陈广元
张留定　许世斌　杨玉芳　张富贵　胡润禄　王　平　王凤英
张明杰　赵宗明　吴国珍　李桂英　张娟娣　张福海　李四妮
殷玉珍　董淑兰　朱桂英　雍凤英　周伯安　楚国仁　章全生
王景义　沈兰芳　徐爱凤　王秀英　林秀英　李永珍　周爱珍
李兆英　黄克芝　戴银凤　吴引芬　朱文华　曹长有　林正华
何玉志　李连钧

（西交党发[2006]4 号）

有关交通大学西迁的媒体报道

《人民日报》关于交通大学西迁的系列报道

1955年9月4日,《人民日报》发表《国家在内地将新建一批高等学校》。报道说:“为了加强内地高等教育建设,改变过去高等学校集中在沿海地区的现象,新建的高等学校除个别学校如上海造船学院必须设在沿海城市外,绝大部分都设在内地城市。”“明年暑期,上海交通大学开始迁往西安。”

1956年4月8日,《人民日报》发表介绍交大的图片,文章说明写道:“今天是交通大学成立60周年纪念日。这所大学正在逐步发展成为先进的培养重工业建设人才的多科性的高等工业学校。全校有7个系和23个专业,共有学生6050人。”

1956年4月9日,《人民日报》发表《交通大学的六十年》,报道说:“4月8日,是交通大学60周年校庆,交通大学7000多师生员工6日举行庆祝会。交通大学的老校友、中共中央宣传部部长陆定一在庆祝会上讲了话。他祝贺交通大学和其他的高等学校一起,在我国社会主义建设过程中发出更多的光和热。交通大学在校庆前后,将举行科学技术讨论会、体育运动会和文娱晚会等一连串的活动。校庆展览馆从6日起正式开放3天。”报道指出:“交通大学60年来为祖国培养了10446个毕业生,解放后毕业的有5402人,比过去54年培养的毕业生总和还超过358人。据不完全统计,毕业生中目前在各科学技术部门得到全国劳动模范、先进工作者和青年社会主义建设积极分子称号的有82人,有16人是全国人民代表大会代表,11人是中国科学院的学部委员。”关于交通大学的迁校,报道介绍说:“交通大学在西安的新校舍正在积极建设中。这所校舍在1956—1957学年开学前将完成10万多平方公尺的基建工程。目前,一座高4层、面积达3.2万多平方公尺的中心教学大楼已经开始砌第二层楼的砖墙。这个教学大楼有可以容纳全部一二年级学生用的教室和电工原理、材料加工等基础课程的实验室。学生宿舍和教职员宿舍的基建工程已经基本完成。实习工场、学生食堂等基建工程将在5、6月间完工。”“交通大学在西安的新校舍计划在1958年全部建成后，面积将达36万平方公尺。环绕着中心教学大楼的四周，还将建筑5座教学大楼和铸工、焊接等实验室。在这个教学区域的后面是学生进行体育活动的场所，包括有风雨操场、田径场和足球、篮球、排球等运动场。”

1956年4月25日，《人民日报》发表《高等教育部、教育部关于1957年全国高等学校招考新生的规定》，报道说：“北京大学、清华大学、哈尔滨工业大学、交通大学、北京农业大学、北京师范大学、北京医学院等七校在全国各地招生。”

1956年7月7日，《人民日报》发表《交通大学七月中旬开始迁往西安》，报道说：“交通大学一二年级的教师们，将在7月中旬开始迁往新兴工业城市西安。”“看看教师们好像在搬家，实际上却是一次愉快的旅行。学校已经为他们定了舒适的火车卧铺，全部行李和家用杂物也由学校派专人运送，教师们一切不必自己费心。他们只要在出发前把行李打好包放在宿舍里，到达西安后就可以在新居领到自己所有的东西。”“徐桂芳副教授和他的妻子、母亲和五个孩子都已经领到了搬家费。在西安的新居里，将有学校供给的床、椅、桌、书橱等用具。现在，他已经开始考虑下学期教研组和夜大学的教课任务了。”“据最近从西安新校址来的总务人员说，那边可容纳4千多学生上课的教室大楼的最高一层已经砌好，底层也开始粉刷了。教师们的四幢宿舍已经建好了三幢。在这里，每家约有卧室、起居室、厨房、盥洗室等5个房间。教师住宅区的百货公司、南北杂货店、小菜场、绸布店、理发店等也已经开始建造，争取在7月底完工。”“同时交通大学一年级学生也将同教师们一起迁往西安。”

1956年8月16日，《人民日报》发表《交通大学西安新校积极筹备开学》，报道说：“据新华社西安14日电，交通大学教职员和二年级的学生共1000多人，12日从上海到达西安。他们已经全部搬进了刚落成的交通大学新宿舍，今天开始在可容纳4000人的两层楼的大食堂内进餐。”“到现在为止，陆续来到西安的交通大学教职员工、学生和家属已有2000多人；还有一部分学生和基础课教师，最近也将分批来西安。9月中旬，交通大学西安新校就可以如期开学。”

1956年8月30日，《人民日报》发表《高等学校在新学年中将普遍设立新专业，培养国家急需的高级科学技术人才》，报道说："电子计算机专业今年将在清华大学一到四年级全面开设。在暑期里，从清华大学和交通大学抽调到这个专业的电机制造和电气器材制造类四年级的30名学生正在补课。""交通大学在西安新校将设置高压技术、内燃机车制造、电气机车制造、冷却机和压缩机及装置等新专业。"

1956年8月31日，《人民日报》发表《近四十万大学生迎接新学年》，报道中说："刚刚度过60周年校庆的交通大学，今年将有一半学生在西安的新校舍上课。新校址已建成的教学大楼、实习工厂、教职员和学生宿舍等的面积已接近14万平方公尺，比在上海的旧校址面积还大，将来全部建成后要比上海的旧校址面积大一倍以上。""最近批准在上海成立的一所电机类的新校，将沿用交通大学前身南洋工学院这个校名，入学的新生将有400名。我国第一次建立的上海造船学院、西安动力学院、武汉测量制图学院、成都电信工程学院等新校，以及以数学、物理学、化学等专业为主而建立的一所综合大学——郑州大学，以全新的面貌迎接第一批学生。"

1956年9月12日，《人民日报》发表《交通大学在西安开学》，报道指出："据新华社西安11日电，交通大学西安新校4000多师生10日举行开学典礼。""交通大学副校长苏庄在开学典礼上宣布：交通大学首批迁校任务已经基本上完成，学校已在西安建设了面积16万多平方公尺的教学和生活用房，二年级学生决定在12日正式上课。苏庄希望全校师生要为建设祖国的大西北贡献力量。""为庆祝交通大学在西安开学，10日下午，陕西师范学院、西北俄文专科学校、西安航空学院等9个学校派学生同交通大学师生联欢。"

1956年10月2日，《人民日报》发表《各大城市举行国庆示威游行，显示了广大人民努力超额完成第一个五年计划，积极准备实施第二个五年计划的决心》，报道中说："今年新建成的全国唯一的西安动力学院和规模宏大的西安建筑工程学院以及最近从上海迁来的交通大学的师生们也参加了游行。庞大的学生队伍显示出西安正在形成我国一个新的科学文化中心。西安现有的高等学校比1949年增加了8所，学生人数增加了12倍；中等专业学校比解放时新增了16所，学生增加20倍以上。"

1957年1月22日,《人民日报》发表《西安广大干部职工学生响应节约号召,准备简单朴素过春节》,报道说:"交通大学西安新校的家属们,热烈响应党的增产节约号召,提出要学习西安人民艰苦朴素的生活作风,在今年春节做到'有啥吃啥',不过多地花销。"

1957年2月4日,《人民日报》发表《他们在西安度过第一个春节》,报道说:"大年初一,交通大学物理教授赵富鑫见记者的第一句话是:'我们在西安的春节过得很好。'他是交通大学第一个提出俭朴过春节的教授。"

1957年7月15日,《人民日报》发表《分设西安、上海,实行统一领导,交通大学确定迁校新方案》,报道说:"交通大学迁校问题从6月初周总理在国务院召开的讨论交大迁校问题的会议上提出方针以后,全校师生员工进行了反复的讨论,在西安的师生还参观了西北正在建造的工厂,了解了有关教学工作和建设需要的许多实际情况。因此,两地绝大多数教师和学生都逐步明确地看清楚了决定这一问题所必须坚持的基本原则,以及1955年决定交通大学内迁的条件之一——国际情势虽然已有变化,但是西北地区的确需要一所规模较大的多科性的工业大学,认识了支援西北建设的任务是交通大学义不容辞的。在讨论中并仔细考虑了大家所提出的若干合理意见。校务委员会对于这些具体问题作了多方面的研究,最后提出了这个获得绝大多数人拥护的既支援西北建设又照顾上海需要的迁校方案。"报道进一步指出:"这个方案根据西北和上海地区的需要,规定了学校的西安部分的任务,是较完整地设置机、电方面的重要专业,并且逐步添设新技术方面的专业,发展成为理工大学。上海部分的任务是办好机、电等各专业。关于教职员工的调配,以大力支援西北、保证两地教学质量和照顾本人意见为原则。"报道还说:"西安部分的共青团分团委会、学生会、九三小组以及许多学生班级已纷纷作出决议,一致表示拥护和保证执行这个妥善解决迁校问题的新方案。原来一直坚持己见反对迁校的一部分学生,最近也开始认识了在迁校讨论过程中的一些不正确的看法和某些错误做法,他们表示坚决服从新方案的实施。"

1957年9月14日,《人民日报》发表《适应工业发展培养新的建设人才,西安、上海部分工业院校进行调整,国务院批准高等教育部会同各方面提出的调整方案》。报道说:“交通大学决定分设在西安、上海两地以后,高等教育部紧接着会同中央各有关的业务部门及陕西省、西安市、上海市等地党政领导机关反复慎重地研究了西安、上海两地部分工业院校的部署,并且提出了调整的方案。国务院已于9月12日批准了这个调整方案。”“在这次调整以前,西安原有交通大学、西安动力学院、西安航空学院、西安建筑工程学院4所高等工业学校,咸阳有1所西北工学院。由于国家工业部署有所调整,第二个五年计划中培养干部的任务有些变动,因此,各校的设置和任务需要重新安排。这次调整,是将上述5所学校合并为3所。原西北工学院除纺织、采矿和新设的地质专业调入交通大学外,其余全部和西安航空学院合并,组成1所为国防工业服务的多科性的高等工业学校,定名为西北工业大学,校址设在西安。在咸阳的原西北工学院教职员工学生将分年迁往西安。西安动力学院撤销,并入交通大学。西北农学院的水利土壤改良专业系工科性质的专业,也并入交通大学。这样,交通大学西安部分将逐步发展成为和西北工业建设紧密结合的工科大学,今年下学期将设置包括机、电、水利、地质、采矿、纺织、理科等类的23个专业,其中应用数学、工程力学、矿产地质勘探3个专业是新设的。西安建筑工程学院仍然是为工业和民用基本建设服务的工学院,专业设置不作变动。”“上海方面机电类的高等工业学校,为了避免专业设置上的重复浪费和分散力量,这次也作了调整。决定南洋工学院并入交通大学。造船学院由交通大学统一领导,行政工作统一,相同的各专业合并。经过这样调整后,交通大学上海部分连同划归领导的造船各专业,将共设置机械、电机、造船等类19个专业,其中热力机械制造专业是在这个新学年才开始设置的。”

1958年7月5日,《人民日报》发表《日新月异的交通大学》,指出:“交通大学是一所多科性的工业大学,也是我国历史悠久的大学之一,创立62年以来,总计培养了1.3万多名工业建设人才,其中解放前5000多人,解放后7900多人。”“在不断进行教学革新的同时,为了促进西北工业建设及科学技术、文化教育事业的大发展,交通大学自1957年暑假起分设西安、上海两地。交通大学分设两地后,在专业设置、实验设备等规模方面均有很大发展。目前交通大学上海部分共有教师705人,学生近5000人,设有5个系、1个学院、24个专业。为了适应当前钢铁工业大跃进的需要，今年暑假起交通大学上海部分已新成立了冶金学院，设有钢铁冶金、稀有金属冶炼、钢铁压力加工、冶金厂机械设备、金属学及热处理车间设备专业。”“交通大学的西安部分现有教师 1156 人，学生 6396 人，设有 10 个系、26 个专业。”“解放以来，交通大学的实验室设备方面的发展也是巨大的。目前校内设有 2 个工厂和 32 个实验室，还有 4 个实验室正在积极建设中。在这些实验室中有很多实验设备是比较先进和齐全的，可以担负本专业的各种实验。如船舶制造系的船舶原理实验室，目前正在安装从船样直到做好各种船样性能实验的全套设备，今年 9 月份起即可正式进行各种实验。交通大学上海部分还有好几个附属工厂，它们除了完成学校教学和科学研究上各种新产品的设计制造外，还可容纳全校师生员工约 5000 人进行勤工俭学和劳动锻炼。交通大学西安部分有实验室 40 多个，设备比上海部分多而且新，并有一个发电量 280 千瓦的发电厂，还有 1 座纺织厂，供全校同学进行实验、实习和劳动锻炼之用。”

1958 年 8 月 25 日，《人民日报》发表《西安教师一扫闭门教书风气》。其中指出：“西安交通大学各系许多教学经验丰富的年长教师都参加了长江三峡水利枢纽工程设计工作。”“专门负责协助革命圣地——延安专区建立地方工业网的西安交通大学教师，正在积极协助当地建立 5000 多个炼铁土高炉以及一批机械厂和农具修配厂、发电厂和煤矿井。”“交通大学因为一部分教师过去愿意单枪匹马地进行纯理论性的和大的科学研究题目，企图一鸣惊人，结果，今年 1 月到 3 月，订下的 87 个题目，只完成了 2 项。后来，他们确定了面向生产，面向实际，和 64 个工厂挂钩联系，经校内外共同协作，最近 4 个多月，教师们就完成了 100 多项解决国家建设和厂矿中生产的重大问题和一些科学研究题目。”

1958 年 12 月 3 日，《人民日报》发表《交通大学水利系师生参加水利建设》。报道说：“交通大学（西安部分）水利系师生积极参加正在陕西地区开展的声势浩大的水利运动。现在，这个系已经抽调了 62 名教授、讲师、助教和水利土壤改良专业四年级全体同学共 89 人，帮助群众开展水利运动。他们大部分都是到延安、汉中、商洛、安康等地山区和关中平原帮助群众兴修小型水利，也有一部分教师和同学帮助修建工程较复杂的渠道或水库。这批水利建设战士在 11 月 10 日已经全部出发到水利建设岗位上去了。”

1959年6月25日,《人民日报》发表《东西辉映,教学媲美,交大西安上海两校分别加强基础课和新技术课的教学》。报道说:“交通大学西安部分根据学校以教学为主的方针,结合课程设计、生产实习和毕业设计等教学环节开展科学研究,丰富教学内容,使教学质量不断提高。”“全校去年5月到现在已经完成了1000多个科学研究项目。这些项目不但配合着西南、西北地区的建设,而且密切结合了教学中心进行。电机系工业电子学专业师生所研究的两项重点项目,一个是金属无泵引燃管的试制,是将用在宝鸡凤县电气化铁路上的新产品;另一项是高压直流输电的栅控模拟的研究,是为长江三峡直流输电做准备的。这两项研究是工业电子学专业的主要学习范围,前者结合了离子管制造设计方面的课程,后者结合动力电子学及高压直流输电方面的课程。在研究这两个科学项目的过程中,师生在工厂内边研究、边生产、边上课,结果研究的项目完成了,应学的专业课也学习了。”“为了使科学研究和教学工作很好地结合起来,这个学校的许多研究题目都是结合高年级学生的课程设计、生产实习、毕业设计等教学环节及生产劳动来进行。如电机系绝缘五三班学生结合生产劳动,与西安高压电瓷厂等单位合作,根据苏联设计初步制成了我国第一台33万伏电容式瓷套管。学生在研究和试制过程中,接触到不少感性的知识,因此,学起电解质物理课程就容易多了。过去学生们学到这门课程时,都感到很难学懂,现在,教师一提起课文中的极化、套管结构等比较难懂的原理,学生立刻联想到在试制33万伏电容式瓷套管时,亲手做过的瓷套管的结构和试验过的极化现象,因此,同学们就能深刻地理解到这一原理。在最近一次测验中,全班27人有19人考了5分,8人得了4分。”“开展科学研究的结果,丰富了教师的知识,充实了教学内容。例如程序计算、模拟理论、偏微分方程、水工模型试验及测量技术等新技术课,过去都开不出课,把希望寄托于在外进修的教师或者聘请专家上。现在,教师亲自参加了模拟计算机、程序控制、三门峡截流模型试验等科学研究后,关于这方面的理论水平有很大提高,已经能够开课了。不少教材也都用新的研究成果加以补充,如物理就增加了超声波的物理性质及应用、半导体技术等新内容。同时,科学研究也充实了教学上的实验设备,像工程物理系试制出的电子静电加速器、倍加加速器、扩散云捷室等已经作为实验使用。”“为使教师和学生掌握洋法和土法结合的技术知识，在攻尖端科学项目的同时，还结合教学，为地方工农业生产、建设进行了土法和一般技术的科学研究，帮助他们解决土法生产中的新问题。动力系为一些人民公社进行了土电站的设计，机械系制造了土机床，为西安市和延安专门进行了轴承厂等若干小型机械厂的设计。”同时报道说：“上海交通大学在本学期中，加强了基础理论的教学，增加了同位素、原子物理、高分子化学、电子学及非电量的测量等新内容。机械系也增加了学习工程画的时数。同时，各系都开始按照学生的不同学习阶段，安排生产劳动，进行生产教育，让学生们掌握必要的生产知识。学生在学习基础理论课和参加了生产实习后，提高了学习质量。”“在基础理论课方面，增加了反映最新科学成就的内容，并根据不同专业的需要，加深基础理论课中的某些章节的讲授。物理、化学课已新增加同位素、原子物理及高分子化学等现代物理、化学的内容，普通电工学增加了电子学及非电量的测量等时数。教师们还从多方面改进理论课的教学方法。船舶动力系的船舶装置原理与设计专门课，教师特地编制两种教材进行讲授。”

《解放日报》:《杨秀峰再谈交大迁校问题:沿海地区支援西北方针仍然不变,希望交大师生从两个方案中做出选择》

[**解放日报** 1957 **年** 6 **月** 19 **日讯**]高等教育部部长杨秀峰,昨日下午接见上海各报记者,就交通大学迁校问题再一次发表谈话。

杨秀峰说,6 月 18 日上海各报所刊登的关于交大迁校问题的消息,有些标题不十分恰当,可能引起读者误解,所以有必要就下面三个问题,再作一些说明。

第一个问题是解决交大迁校问题的根本着眼点是什么。杨秀峰说,周总理说得很明白,是为了支援西北工业建设。西北及另一个工业基地西南的建成,如果没有沿海先进地区的支援是不可能设想的,因此,上海的支援是很自然的事。现在条件虽略有变化,但西北仍要积极建设,沿海地区支援西北的方针仍然不变。

第二个问题是 1955 年交大迁西安的方针是正确的。因为这个方针是根据当时国际形势和支援西北的任务确定的。1956 年,国际形势趋向缓和,西北的工业建设作了新的部署,根据这些情况,交大可以不搬。但是考虑到西北需要交大,西北的工业建设仍需支援,而交大本身任务很重,留在上海发展有困难,因此仍决定搬,这一决定也是正确的。

第三个问题是目前如何解决交大迁校问题。杨秀峰说,周总理明确地提出两个方针,也可以说是两个大方案:一是全迁西安,一是搬回上海。搬回上海,又有三个具体方案。杨秀峰强调指出,全迁西安,目前虽有不少困难,但用发展眼光看,对交大本身和西北建设的好处都很多。搬回上海,就当前看,虽然也有一定的好处,但困难也很多。总理为了爱护交大,照顾全面,希望交大师生克服一些困难,但也不愿意勉强交大师生一定要怎样做。因此,全搬西安还是搬回上海,要交大校委会领导全校广泛讨论,作出选择,报高教部批准。

《解放日报》:《柯庆施在交大教师座谈会上说:交大西迁利多弊少,有利社会主义建设,有利学校发展,希望交大师生能从全局出发考虑问题》

[**解放日报** 1957 **年** 6 **月** 20 **日讯**]为了研究与合理解决交大迁校问题,中共上海市委第一书记柯庆施和上海市长刘季平,最近邀请了该校教师四十多人举行了三次座谈会。会上,许多教师都赞成支援西北的方针,但对支援的办法有不同的意见:有一些教师赞成交大全部搬去,认为这样做好处多;有大部分教师对全部搬西安有顾虑,主张把一些新专业和部分旧专业搬去,他们的理由是目前西安中学生少、质量差,影响交大的学生来源和质量,同时目前西安的科学研究和教学条件比上海差。在座谈会上,大家畅所欲言,发表了自己的意见。

在三次座谈会上,柯庆施同志讲话着重分析了交大迁校问题的利弊得失。他指出国务院对交大迁校的决定,在今天来说仍是正确的,因为交大搬到西安具有两个重大意义:一、支援西北的社会主义建设;二、更好地发挥交大的作用。

从支援西北的社会主义建设来看:第一,西北地区辽阔,地下蕴藏丰富矿床。这个地区是我国古代的财富之地,也是我国民族的发祥地。过去由于在反动统治下,不注意开发西北,以致经济文化变成落后。现在改变西北的落后局面,已有各种有利条件,特别是今天来说,不使西北的工农业经济和文化建设发展起来,我们的社会主义建设将成为一句空话。西北不仅是我国重工业建设的中心,而且也是我国的大后方。交大搬到西安的目的,就是要改变西北的落后局面,帮助推动经济、文化事业的发展。第二,要积极培养一批为西北生产服务的技术干部。有人说,目前西北要外地支援技术干部,何必一定要把学校放在西安培养呢?这句话有一定道理。但是，在西北培养技术人员为西北服务，和由外地培养技术人员再去西北服务，两个办法哪个好呢？当然在当地培养的好，他们熟悉当地生活习惯，比外地去的人更习惯于当地生活，更熟悉当地情况。至于目前西北的中学毕业生不够，可以从外地支援。因此预先在当地培养一批干部，比临时从旁地调去要好得多。第三，目前在国家大规模建设中，整个部署虽稍有改变，但西北的工业建设仍然不变，工业投资的比重仍旧很大。因此，今天交大搬到西安支援西北的建设，仍有重大的作用和意义。

关于发挥交大作用以及它本身的发展问题，柯庆施同志从两方面加以说明和分析：第一，根据交大 1954 年提出的扩建计划，上海交大的周围有 5000 多户人家要搬，这个办法，实际上是不可能的。就交大现有基础来说，即或今后以提高质量为主，但目前已有 11 个实验室无法安置。而且交大不搬，造船学院和南洋工学院的校舍就要发生问题。但是从另一面看，交大在西安的发展条件已经具备，那里划给交大的有 1200 亩地，1900 万投资已用去 1200 万了，有足够的地方和资金给它发展。假若搬回，造船学院和南洋工学院的问题不能解决，实验室也不能建立。就是为造船学院选新校舍，不仅仅要多用国家的一批投资，而且也需要两三年工夫才能解决。在这几年内，交大的工作必受影响。所以从交大的发展前途看，搬西安比留上海要好得多。第二，从科学角度看，主要是校内和校外的因素。校内主要是实验室、图书资料的问题，搬西安，地方大，条件好，可以摆得开，比上海好。而校外因素主要是与工厂联系问题。当然，目前上海是个工业基地，工厂里的生产技术问题可以跟教师讨论研究，但教师到底不是工程师，不能一天到晚在工厂里的。而搬到西安后，上海的工业资料仍旧可以供交大研究，差别只在于过去是一个电话，而今后却要通过信件和派人来联系加以解决。而且目前交大的科学情报，也已经不光靠上海，天津、大连等地也和交大联系，何况西安已经建立了工厂，将来还有许多近代化的工厂，对交大只会更加有利。总之，我们保证交大和上海工厂原有的关系，不会因为迁校而有所中断，即使没有关系的工厂，以后有了新资料，仍旧可以供给交大使用，这一点上海市是会完全负责的。至于有人说，交大迁西安后，将会对十二年科学规划的完成有一定的损失，这一点，需要说明的，决不是只有上海才有科学研究的条件。当然，我们承认搬有损失，但我看损失并不一定像大家所说的那样大，而且暂时的损失是可以补救的。特别是从发展来看，上海的工业技术改造有困难，五年十年后，内地的工业技术将比上海更先进，即使现在，交大和工厂的联系也是外地多。据交大材料，与工厂和设计机关订的69个联系合同中，只有19个是在上海，其他都在外地，交大1957年近100个科学研究题目中，只四分之一需和上海有关方面联系，其他四分之三均要和外地联系，这种情况今后定会更多，因此迁校以后所得要比所失大。而不搬呢，学校的发展将要受到限制，两三年内学校无法开展工作。搬与不搬，希望交大教师要从长远、全面来郑重考虑。

对于交大迁校工作的具体困难，柯庆施同志提出了一些可以考虑的办法。有些年老体弱教师不愿去，交大在上海可以设后方，让这些教师在后方做研究工作，同时又可以和上海生产工厂密切联系。有些教师长年住在上海或在上海有经常的社会联系，这些教师到西安去后，也可在上海大学兼课，回上海来住个把月。

最后，柯庆施同志说，从教师发言看来，不搬的理由还不能说服我们。因此我还是赞成周总理的意见："现在上海余下来1100多学生和几百位教职工，如果能够接受去西安，我并不放弃全搬的可能。"希望交大教师从有利于我国社会主义建设的整个部署着眼，从有利于社会主义工业化这一点出发来估价支援西北建设的重要性，以及交大不搬以后发生的困难，来全面地、客观地考虑这个问题。周总理已经把交大迁校问题交给交大自己决定，我们这些意见是提出来供交大师生参考的。相信交大师生能够不但从交大本身出发，还能够从全局出发，得出适当的解决办法。

新华社:《拥护周总理的分析，彭康赞成交大西迁》

[**新华社上海6月20日讯**]交通大学校长兼党委书记彭康今天向全校教职工说,他拥护周总理关于交大迁校问题的分析,并同意他所提出的第一个方案:交大全迁西安。

彭康在向全校教职工报告中详细分析了交大全迁西安和留在上海的利弊,他说交大全迁西安是利多弊少。他指出,对交大的迁校问题应该从整个国家利益、从社会主义建设的合理部署着眼,左顾右盼,瞻前顾后,看近也看远。他说,从1955年高教部决定交大迁校时起,他就赞成这个措施,经他长期深思熟虑,直到今天他还是认为应该迁校,正如中共上海市委员会第一书记柯庆施所说的,这对支援西北建设和交大本身的发展都是有利的。彭康同志认为有人不赞成全迁西安当然也有道理,但是据他看来,这些道理还只是从交大一个学校的角度出发,从当前情况的角度出发的,且没有估计到经过努力可能创造的条件。他表示这只是他个人对迁校的看法。他希望大家从团结出发,本着怎样把交大办得更好,怎样对祖国社会主义建设更有利的精神,进行充分的讨论,求得妥善的解决。同时他希望在讨论中要平心静气,实事求是,不能把赞成迁校的说成是要搞垮交大,分割交大,因此要求一个"护校运动",这样的说法是不对的,当然也不能把不赞成迁校的说成是个人主义。现在交大师生员工对迁校问题正热烈讨论中。

(《文汇报》等各报1957年6月21日刊载)

新华社:《西安人民欢迎交大迁去,热望共同建设社会主义的新西北,西安工程技术界愿帮助交大克服困难》

[**新华社西安** 23 **日电**]出席西安市第二届人民代表大会第二次会议的全体代表,22 日代表西安 130 多万人民给交通大学全体师生员工写了一封信,欢迎他们全部迁来西安。

这封信写道:去年,交通大学的一部分已经迁来西安,师生员工克服了不少困难,如期开学了,这对西北的工业和文化建设已经起了一定的好影响和好作用。这种支援西北建设的热情、努力克服困难的宝贵精神和行动,使我们受到极大的兴奋和鼓舞。现在特向你们表示深切的关怀、慰问和敬佩。过去一年来,我们对交大的关怀还不够。今后要督促市人民委员会,作最大努力,尽可能地对交通大学予以支持。

信中说:目前西北地区的经济、文化基础都比较差,特别需要科学技术力量的支援。而交大在我国是已有六十多年历史、富有光荣传统的综合性工业大学。所以,西安人民殷望交通大学全部迁来,支援西北建设,和西北人民一道为建设社会主义的新西北而奋斗。

在这次会议进行期间,有 15 位来自西安各高等学校的教授代表联合发言,还有 25 位工人、农民、文教界的代表发表意见,说明交大迁来西安的好处,热诚地表示了欢迎交大迁来西安的心情。

[**新华社西安** 22 **日电**]西安工程技术界人士热诚欢迎交通大学全部迁来西安。他们认为从国家的长远利益和交大的发展前途来看,这样是利多弊少的。至于迁来后展开教学和科学研究工作中如有困难,他们愿意尽一切可能帮助解决。

最近几天内,西安市有十多位工厂厂长、总工程师和工程师陆续访问了交大西安部分。他们在好几次和交大师生举行的座谈会上,分别介绍了西安地区电力、机械制造业等方面许多新厂目前的规模和设备以及今后的发展远景。他们认为西安绝大部分工厂都能比上海更好地配合交大各个专业在科学研究和生产实习方面的需要。个别专业的配合暂时虽然还有困难，但是不久也可以设法解决。这些工程界人士认为，西北已经设计和施工的工厂的特点是设备新、规模大，但技术力量不足，各厂和工程设计单位都非常需要得到像交大这样具有相当学术水平的学校给予各方面支援和帮助，这是他们希望交大迁来一个重要理由。

西安电力设计分院副院长兼总工程师徐国璋说："我们也是上海迁来的。我院在上海4年中和交大联系很密切。交大有6个系，除了机械制造系以外，其他和我们都有密切关系。历来交大电力工程系同学的毕业设计都在我们院里做的。我们的一些新颖设计，很多是请交大和其他学校帮助。例如交大就曾经具体帮助我们解决了"铜铝接头"的技术问题。徐国璋还把现在西北地区电力工业条件和上海作了对比。他又说："西北地区还有许多问题值得交大师生研究的，我们也希望得到交大师生的帮助。例如西北地势高，需要解决'高海拔的绝缘'问题等。"

西安电工新厂厂长蓝毓钟告诉交大师生，西安新建的电力电容器厂，明年就可以让大家去实习了。交大的电器、高压方面专业的学生们去这里大有用武之地。

曾在上海汽轮机厂担任多年总工程师的郑世泽说，交通大学同学往常每年到上海汽轮机厂实习，但是厂房比较小，挤来挤去挤不下，到西安各方面条件就好多了。他说现在我工作的工厂还有许多实验室，希望按以前老规矩，欢迎大家去实习。

一个目前全国规模最大的开关厂的总设计师董永灏代表厂方热情地表示，交大全部搬来西安后，他们愿意尽力帮助学校解决一些教学和科学研究工作的困难。他举例说："我们在建厂过程中，将有几十位苏联专家来支援，他们也可以给学校一些帮助。工厂里的许多技术资料也可以供给教学参考。"

在西安工程技术岗位上的交大校友们，对于交通大学迁校问题也普遍表示十分关切。一位交大最早的校友，现在西北工业建筑设计院的倪济宽工程师对记者说，他来西安已有5年，并且又亲自参加了交大西安新校的施工设计工作。这位白发斑斑的70岁老人说，从我几十年的经历中，还没有看到过像西安地区这样规模大、速度快的工业建设。交大全部搬来西安对学校和对国家都是上策。另外一个交大老校友王继唐总工程师也表示希望交大母校迅速全部迁来西安。他认为长远利益考虑，交大迁来西安是需要的，既然学校目前一部分已经搬来，再迁回上海是有损失的。王继唐说，西安的生活条件虽然比上海稍差，问题是我们抱什么态度。他说，交大抗战时期在重庆的一段生活也是相当艰苦，那时候许多困难交大师生员工都顶过去了，现在时代和过去完全不同，为什么倒反而没有信心克服困难呢。

《西安日报》:《中共西安市委第一书记方仲如说:赞成和欢迎交大全部迁来西安,并表示愿和交大师生一起克服困难》

《西安日报》1957 年 6 月 27 日报道:西安的党和人民对于交大师生正在热烈讨论的迁校问题十分关心。25 日下午,交大有 30 多位教师应邀在市委举行座谈。座谈会进行了 5 个多小时,中共西安市委第一书记方仲如同志和西安市市长刘庚听取了大家对迁校问题的各种看法和意见。座谈会上,大家都畅所欲言,绝大部分意见主张交大应全部西迁。方仲如同志在会后并讲了话,表示赞成和热烈欢迎交大全部搬来西安。

方仲如同志说,交大部分师生迁来西安,已经将近一年了。拿交大西安部分来说,这一年来的工作做得并不算坏。初来时学校条件较差,由于全校师生的努力,很快地走向正轨,开始了正常的、有秩序的学习。大家辛勤了一年,工作是有成绩的。

在谈到交大迁校问题时,方仲如同志说,关于交大迁来西安的意义,周总理、杨秀峰部长、柯庆施同志、彭康校长都讲了很多,我都同意,不再讲了。接着他强调指出,周总理把交大迁校问题让交大师生自己来讨论,由交通大学校委会作出选择然后报送高等教育部批准的措施,说明这是总理对交大师生最大的信任,同时,这对交大教师来说,大家的责任也就更加重大。方仲如同志说,就座谈会上已经发言的 13 个人的意见来看,赞成全部迁来西安的占多数,大体趋于成熟,但还不够完全一致,需要继续研究讨论。

在座谈会上,有些教师提到他们不了解西安到底有什么大工业,认为交大迁来以后,校外协作条件不好。方仲如同志在讲话中,概括地描绘了西北这个大工业区的鼓舞人心的情景。他说,许多大工厂都是苏联给我们按照最新标准设计的,技术水平相当高,有的甚至是世界的先进水平。这些工厂有的已经建成，有的正在兴建，现在已有少部分投入了生产，大概在一、二年之内基本上都可以开始投入生产。交大迁来西安之后，将来有关专业可以和这些有关工厂进行必要的联系。方仲如同志还认为国家原决定把交大搬到西安这个地方，是经过了深谋远虑的，是完全正确的。由他在西安工作的体会，深深感觉到西北工业建设，迫切需要像交大这样一个工业学校来给以支援，他相信交大迁来西安对于西北的工业建设也就是对于祖国的社会主义工业建设，一定会发挥更大作用。

方仲如同志接着谈道，周总理在关于交大迁校问题的报告中，好几个地方都强调指出支援西北工业建设，因此，交大迁校与否的着眼点、关键，应该放在如何有利于支援西北建设方面；同时，也顾及到交大本身的发展。交大如果决定全部迁来西安，不可避免还会遇到一些困难，他表示中共西安市委和市人民委员会愿同交大师生共同努力，创造条件，克服困难，并相信有些困难是可以克服的。当然也会有些困难，限于条件，目前还不能全部都解决的。

方仲如同志讲话最后，一再希望交大师生深切体会周总理的指示精神、意义，从支援西北建设出发并照顾交大本身发展，好好讨论，得出正确的一致的结论。

座谈会上，西安市市长刘庚也表示热烈欢迎交大全部迁到西安来。他说，目前虽然条件还不能满足交大师生的要求，但这些条件在共产党领导下，完全可以创设，他表示在人力、物力、财力允许的条件下，能办到的事尽量都要办到，并愿意和交大师生共同努力克服困难。

交大校刊：《校友钱学森同志希望我们接受党的决定》

《交大》1957 年 6 月 27 日登载钱学森来信，标题即《校友钱学森同志希望我们接受党的决定》，全文如下：

交通大学校刊编辑室同志：

6 月 24 日接到你们发来的一封电报，要我对迁校问题表示意见，谨作复如下：

在过去的一年间我接到过好几封关于迁校问题的信，在报章上也看到过关于迁校问题的报道。作为交大的毕业生，我自然对这些资料仔细地看了，也想考虑一下这问题应该如何来妥善地解决，但是在这事上我有很多困难：我离开祖国有一大段时间，在这一段时间里祖国起了惊天动地的变化。虽然自归国以来，也自然逐渐学习到一点东西，了解一些情况，也到母校参观过一次，但是我现在的认识水平还很低，决不能对迁校问题有什么值得考虑的意见。所以我对这问题不作正面答复。

我是想提出另外一点，这于迁校问题也是有关系的。我们知道：迁校问题已经得到党和政府高级领导的注意，即使在开始的时候迁校决定做得有点粗心大意，可是现在不同了，他们对这问题一定做了深入的分析和全面的研究；此外，他们现在也还正在听取各方面有关人士的意见。所以我相信，他们的决定是明智的，我们应该服从并支持这样的决定。我们不是说党在科学事业的安排布置方面一定能领导吗？既然党能领导科学，那我们又有什么理由不接受党的决定呢？

钱学森

1957 年 6 月 26 日

交大校刊：
《郭沫若院长希望我校全部西迁》

《交大》1957年7月1日登载郭沫若来信，标题为《郭沫若院长希望我校全部西迁》，全文如下：

亲爱的同志们，同学们：

你们给我的电报，我接到了。

交大西迁是一件大事，毫无疑问，是有各种各样困难的。西迁后科学研究的开展，毫无疑问，也将受到一定的影响。

但这些困难和影响，我相信都是一时性的，是值得忍受而迅速得到补偿的。

国家的社会主义建设事业已肯定以大西北作为工业建设的一个重心。这里正需要有科学大军的支援，这里因而也会成为繁荣科学的最肥沃的园地。

西安是周秦汉唐的故都。这里我去过多次，在目前虽然条件差些，但我觉得它的规模宏阔、文物丰富，将来发展的前途很大。它离北京并不远，普通的飞机只有三个钟头的飞程。

因此，我觉得交大迁到西安，对于国家建设事业和科学发展事业，都会有好处。从长远利益和全局观点来看，似乎西迁比留在上海更好。

当然，这是一件不寻常的事。它所带来的困难，对于一部分的师友，可能还很大。这些痛苦，我个人是能够体会的。如果可能，我们就请以上火线的精神或拓荒者的精神，克服着这些痛苦，投向火热的建设阵地去吧。

古人说“艰难玉汝成”。一时性的条件不够反而可以促进我们的积极性和创造性。我们的积极性和创造性提高了，建设事业也就发展了。条件是人所能创造的。兵法说“置诸死地而后生”，何况西安并非“死地”。

因此，我个人的意见，是希望交大全部西迁。当然，我并未身当其境；我的这些意见只供师友们参考。如果有一部分的师友实在有不能克服的困难，个别的例外我相信国家是能够体谅的，不会以强迫行事。专复，致以

最恳切的敬礼！

郭沫若

1957年6月26日

《解放日报》:《交大确定迁校方案,分设西安上海两地,实行统一领导;南洋工学院并入交大,造船学院与交大成立联合委员会》

[**本报讯**]最近,交通大学举行了一次校务委员会扩大会议,讨论并通过了"解决迁校问题的方案"。

这个方案中说:"在全校师生员工关于迁校问题的讨论中认为,根据社会主义合理布局的原则,以及社会主义建设的需要,西北地区需要一所规模较大、质量较高的多科性工业大学,支援西北建设的任务是交大所义不容辞的。同时,在讨论中也考虑到迁校时的一些困难。为使交大充分发挥作用,既满足西北建设的需要,又照顾到上海的需要,为此,采下列方针:

一、交大分设西安、上海两地,两部分为一系统,统一领导。

二、两部分根据西北及上海地区的要求,各负担不同的任务。西安部分任务为:完整地设置机电方面的主要专业,逐步添设新技术和理科方面的专业,并发展成理工大学;它在提高质量的基础上,适当照顾数量。上海部分任务为办好机电等各专业,着重提高教学质量。

这个方案中规定,交大今年暑假"在西安招生的有:机械制造工艺、金属切削机床及工具、铸造工艺及机器、焊接工艺及机器、金属学及热处理车间设备、内燃机制造、涡轮机制造、锅炉制造、压缩机及冷却机制造、热能动力装置、电机与电器、电气绝缘与电缆技术、发电厂、工业企业电气化、高电压技术、无线电技术、数学及计算仪器、自动学及远动学、应用数学、应用物理、工程力学等专业;上海部分则招收机电制造工艺、金属切削机床及工具、铸造工艺及机器、金属压力加工及机器、焊接工艺及机器、金属学及热处理车间设备、热力机械、热力机车、电力机车、车辆、起重机、电机与电器、电气绝缘与电缆技术、发电厂、工业企业电气化、电气仪表等专业的学生。

关于教职员工调配以及图书、设备调配的原则，方案中也做了具体规定。图书、设备原则上应优先照顾西安需要。

这个方案是根据周总理关于交大迁校问题的讲话精神，经过各方面长期讨论和该校近来连续召开的校务委员会会议、系主任会议、教研组会议屡次协商而议定的。在历次讨论、协商中，大家对1955年当时决定交通大学迁校情况和条件，以及1956年以后的已变未变的情况和条件，进行了反复的比较；并且分析了现在主张迁校的理由。

这个方案现在已上报高等教育部审批中，待批准后再行实施。

在交大讨论通过上述方案的校务委员会扩大会议上，高教部杨秀峰部长列席并作了指示。杨秀峰说，这个迁校问题的方案，正确地结合了国家建设利益和个人利益，较为妥当地照顾了各方面矛盾的解决。他又说，尽管现在解决了，但不要忽视当前的困难。要有克服困难的思想准备，要仔细研究努力克服这些困难，做到保证教学质量，有利于支援西北建设。

[本报讯]高教部、电机部、上海市人民委员会及南洋工学院最近共同商讨决定：将南洋工学院与交通大学上海部分合并。为了适应新情况，上海造船学院经高教部、一机部同意后，也已决定与交通大学上海部分成立联合委员会，以便统一安排共同有关的工作。

（1957年7月13日）

《西安日报》:《发挥交大在国家建设事业中的作用,交大师生热烈拥护迁校方案》

本报记者袁鹏报道:交通大学(西安部分)师生员工经过讨论,纷纷表示拥护解决迁校问题的“一个交大,两个地方”的新方案,认为这个切实可行的方案,既支援了西北建设,又能保证搞好交大,还照顾了上海方面的需要和各方面的影响。

在报请高教部批准实施前,这个先经上海扩大校委会讨论通过、并由彭康校长带来西安向全体师生传达的新方案,是将交大分设西安、上海两地,两部分是一个学校、一个系统、统一领导。新专业、理科专业以及机、电方面主要专业等设在西安;也在上海设置机、电方面的若干专业。西安部分将逐步发展为一所理工大学。全体师生员工在本月10、11、12日对这一新方案的讨论结果表明:绝大多数同意这一方案。

在教师方面,12个教研组全部同意了这一方案。有不少教授参加的交大九三学社小组也在讨论后作出决议,表示坚决拥护和保证执行这个方案,在党的领导下,团结所联系的群众,为实现这个方案而努力。民盟小组也开会讨论表示拥护。近日来,教师宿舍的“青年园地”墙报上,还贴出了许多拥护新方案的决心书和保证书。

方案中关于两地师资调配原则,即长期在西安或上海任职的,以自愿为原则;短期的以统一调配为原则。对此,许多教师以支援大西北建设的热情,表示了自愿留在西安任职。学校方面对于长期在西安任职教师的一些具体困难,已表示要想办法,能解决的即予以解决。此外,对于两地教学计划的安排等问题,教师们在讨论中也提供了一些建议和意见。

在同学的讨论中,绝大多数同学表示同意这一新方案。团委会、学生会执委会,以及许多班级还纷纷作出决议,表示了对新方案的拥护。

这已成为同学宿舍前最近张贴的大字报的新的内容。原来同学在讨论中，对于学校分设两地后，西安部分教学质量能否保证，有些顾虑。连日来，经过由上海来的各系系主任、教授们和同学座谈、介绍情况后，已开始消除了这些顾虑。有的系主任并对教学质量热情地作了保证。

交通大学在过去两个多月中所讨论的迁校问题，待新方案为高教部批准后，即可告解决。

在交通大学迁校新方案中，交大在两地的专业设置情况是：西安部分共设 21 个专业，上海部分共设 15 个专业。

在西安的 21 个专业是：机械制造工艺金属切削机床及工具，铸造工艺及机器，金属压力加工及机器，焊接工艺及机器，金属学及热处理车间设备，内燃机制造，涡轮机制造，锅炉制造，压缩机及冷却机制造，热能动力装置，电机与电器，电气绝缘与电缆技术，发电厂输电网及其联合系统，工业企业电气化，高电压技术，无线电技术；以及将要设立的 5 个新专业：数学及计算仪器、自动学及远动学、应用数学、应用物理、工程力学。

在上海的 15 个专业有：机械制造工艺，金属切削机床及工具，铸造工艺及机器，金属压力加工及机器，焊接工艺及机器，金属学及热处理车间设备，热力机车制造，电力机车制造，车辆制造，起重运输机械制造，电机与电器，电气绝缘与电缆技术，发电厂输电网及其联合系统，工业企业电气化，电气仪表等。

以上两地专业设置所遵循的原则是：新专业及理科专业设在西安；机电方面主要专业，西北需要的专业，以及与上述专业有密切关系的专业设在西安；照顾上海的需要，与结合学校的具体情况，在上海设置机、电方面的若干专业。这都是根据西北及上海地区的要求，交大两部分各负担不同的任务而确定的。该校彭康校长于本月 9 日向西安部分全体师生员工作迁校新方案的报告时说：交大上海、西安两个部分结合起来非常完整，两部分都要办好。交大在国家社会主义建设中要发挥更大的作用，今后在科学研究工作等方面，可以起应有的作用。

新方案将报请高教部批准以后实施。

（1957 年 7 月 14 日）

交通大学西迁

大　事　记

交通大学西迁大事记

1955 年

3 月 30 日　高等教育部党组提出《关于沿海城市高等学校 1955 年基本建设任务处理方案的报告》。其中提出："将交通大学机械、电机等专业迁至西北设交通大学分校（具体地点和陕西省委商定）。准备在两三年内全部迁出。""将华南工学院、南京工学院、交通大学等校的电讯工程有关专业调出在成都成立电讯工程学院。"

3 月 31 日　国务院第二办公室主任林枫将上述报告批呈陈毅副总理："这个方案，二办已经讨论过，认为可以同意。其中有些具体问题，例如交通大学的新校址是否应设在西安等，尚须进一步研究，以后当专案报告。"

4 月 2 日　陈毅副总理批示；"送陈云副总理核示。"

4 月 7 日　陈云副总理批示："这一件的主要内容是沿海城市的大学内迁。共有十三起几十个学校或专科。据林枫同志说，这是根据政治局那次听陈毅同志报告上海情况后指示工厂学校内流的方针拟定的。……我认为可以同意林枫和高等教育部党组的意见。"陈云同志还批注："经刘、朱、彭真、小平阅后退国务院总理办公室。"此件经分别送这四位领导人阅圈。

4 月 9 日　彭康校长在交大党委会和校务委员会上报告中共中央决定学校搬家，搬到西安，以改变西北高校少的不合理状况，同时也有国防意义。这是一个决定，其他有些具体问题不清楚，需要到中央去请示。

4 月中旬　任梦林总务长、基建科王则茂科长一起赴京，听取高教部刘皑风副部长布置有关交大迁校和在西安建校的意见。随后直接去西安察看选择校址。

5 月 5 日　陈大燮教务长在交大校委会上传达高教部开会情况说："杨秀峰部长说：院系调整要明确国家的基本方针，即与社会主义建设、国民经济相配合，与国防时局相配合。高教部意见，交大本身迁西安，调出汽车专业（1955 年），造船三个专业及电讯系（1956 年）。”

5 月 6 日　彭康校长、朱物华副教务长、任梦林总务长及动力系主任朱麟五等一行去西安察看新校址。

5 月 7 日　党委常委祖振铨同志在交大党委扩大会上传达高教部会议精神说：“高校配合工业建设的布局问题，牵涉到 20 多所高校的调整，决定交大西迁。”

5 月中旬　彭校长电请朱物华、程孝刚、周志宏、钟兆琳、朱麟五等知名教授、系主任到西安，共同察看商议和选定校址。

5 月 24—25 日　彭康校长在交大校务委员会扩大会议上报告：我校的迁校问题，国务院和中共中央已批准。会上讨论并通过了《交通大学校务委员会关于迁校问题的决议》。

5 月 26 日　彭康校长向全校同学作“有关我校迁往西安问题”的报告。会后，同学们表示热烈拥护迁校决定。

5 月　本校在西安市北大街通济坊 17 号买房成立办事处，开展迁校征地和筹建新校区工作。

7 月 12 日《林枫同志关于 1955 年全国文教工作会议向中央的报告》中说：“内迁的学校只限于四校（上海交通大学迁西安，……），其余院校只作个别系科的调整。”

8 月 20 日　交通大学在西安设立办事处，开始进行征地和基建准备工作。

9 月 24 日　交大校务委员会扩大会议决定：成立迁校委员会。陈石英为主任委员，陈大燮、任梦林为副主任委员。委员有：万钧、林星、赵富鑫、孙成璠、张景贤、洪致育、张钟俊、钟兆琳、祖振铨、于珍甫。

10 月 26 日　交大西安新校址正式开工兴建。第一批兴建工程为教职工宿舍以及学生宿舍、中心大楼和饭厅。

11 月 10—13 日　高教部杨秀峰部长、工教司唐守愚司长和苏联专家等来交通大学检查工作，杨部长召开部分系主任、教研室主任和教师座谈会，谈了迁校搬家问题。

11 月 24 日　《交大》校刊公布了《交通大学迁校方案（摘要）》，对迁校的任务、工作进程、宣传、人事、总务、招生等各项工作作了具体安排。

12月17日　交大校党委常委会议决定：党内由苏庄、邓旭初、任梦林组成三人小组，以苏庄同志为负责人，全面负责迁校工作。

12月28日　校委会会议讨论《交通大学今后五年（1955－1960年）工作规划（初稿）》。任梦林总务长汇报了西安建校情况。

1956年

1月10日　交通大学确定1956年暑假迁往西安的教职员工名单，人事处分别通知各单位并转告本人。

1月16日　本校赴西北参观团举行全体团员（由教职工与学生代表组成）会议，会上成立了社会主义建设，文化教育，卫生保健，福利，生活等5个工作组，分别负责了解西北的相关情况。

1月18日　交大西北参观团一行33人，在团长苏庄副校长，副团长赵富鑫教授、邓旭初主任率领下由上海出发，先后参观洛阳、兰州、西安三个城市（于2月9日完成参观任务返校，分别向全校教职工、家属以及各年级学生汇报参观情况）。

3月4日　一年级同学发起上海——西安象征性接力跑（全长151万米，平均每人要跑5.3万余米），看哪个班级率先在西安会师。

3月7日　彭校长亲笔给杨秀峰部长写信，汇报内迁动员工作情况，提出：交大西迁牵涉到200多个干部、教师、工人的爱人工作转移问题，必须妥善解决。请高教部党组转报中央组织部、宣传部给以支持。并提出：部里不准交大在西安办员工小学等具体问题，不久交大另派专人来向主管司面谈。（杨部长在信上批：我曾和皑风同志谈过，请再与财司接洽改变。）

4月5日　高等教育部党组《报请转知有关省市委协助解决新建校迁校中的问题》，就交通大学等七所内迁或新建学校教职工爱人的工作调动问题，请中央宣传部给有关省市发一通知，给予支持。

4月6—8日　交大隆重举行庆祝建校60周年活动，中共中央宣传部长、老校友陆定一同志到会并讲了话。开放全校实验室，供中学生参观；举办校庆展览馆，陈列交大远景规划和西安新校舍总体规划模型。新华社为此发出电讯稿，扩大对交大迁往西安的宣传。

4月12日　中共上海市委学校工作部批复：同意彭康任党委书记，邓旭初任副书记，彭康、苏庄、邓旭初、林星、杨文、祖振铨、吴镇东七同志为党委常务委员。

4月25日　中央宣传部转发高等教育部党组关于请有关省市委协助解决新建校迁校问题的通知。

5月31日　至今已有1000多吨教学用品和公私家具运抵西安，为保证西安装卸工作的顺利进行，已经将铲车、卡车以及兄弟单位借来的两台5吨起重机等运输机械运抵西安。今年应搬迁的公家床铺、桌凳等，预计60%在6月份运抵西安，7月份要搬迁的教学用品和公私家具将有1000多吨。

6月1日　西安新校址新建教工宿舍17栋，学生宿舍14栋基本竣工。

6月2日　交大迁校先遣人员及家属50余人到达西安，开始进行接运和其他准备工作。

6月6日　通过开展"上海——西安象征性接力跑"活动，一年级70个班级中，已有41个班级胜利会师西安。

6月22日　交大校委会讨论下学期工作纲要。指出：今年是向全国招生的第一年，也是迁往西安新址的第一届招生，要派专人去西南、西北等地做好招生工作。

6月27日　上海市委以特急电报向中央反映关于交大迁校问题的意见。提出三个方案。认为在目前条件下较好的办法是：交大仍按原计划西迁，即自今年开始，由交大负责为上海筹建一所新的电机机械大学。

6月29日　交大党委常委扩大会议上，苏庄副校长汇报：到北京参加一次高教部党组会议，他们意见还是要搬家，同时照顾上海需要，留下小摊子，今后任务很重，交大不要削弱。

7月1日　上海造船学院在交大原址正式成立。交大造船系学生886人(不含应届毕业生133人)和教师90人调入该院。

7月3日　杨秀峰呈文国务院二办并报总理："关于交通大学内迁问题，根据总理指示我部党组进行了研究并征求了上海市委的意见，都认为按去年全国文教工作会议决定内迁西安较好。"并申述了理由。

7月4日　国务院二办副主任范长江阅签上述报告转呈陈毅副总理。

7月7日　陈毅副总理阅签："总理：请考虑准其将交大西迁。"

7月12日　杨秀峰部长根据周总理的口头指示，批注："总理指示：同意搬，必须留一个机电底子，以为南洋公学之续。"

7月20日　张鸿副教务长等交大第一批教职工和家属首途西安。

8月10日　苏庄副校长率领交大师生员工和家属上千人的大队伍包乘专列迁往西安。

8月13日《解放日报》上发表了上海市人民代表张孟闻教授对交大迁校提出不同意见的发言，引起交大师生对迁校是否有必要的疑虑，交大党委开会作了研究后，派邓旭初、祖振铨两同志赴京汇报反映。

8月15日　经中共西安市委批准，中共交通大学西安分委员会正式成立。分委员会由13人组成。苏庄同志兼分党委书记，杨文同志任副书记。

原交大电讯工程系教师25人、学生175人，暑假迁往成都，参与成立成都电讯工程学院。

9月6日　交大新生2137人，从全国各地来到西安新校址报到。二年级学生1600余人也陆续来西安报到。

9月10日　上午在西安人民大厦礼堂隆重举行交大迁校后的首次开学典礼。省市党政领导和兄弟院校等单位代表以及专程从上海来的几位系主任与西安部分师生员工一起参加大会。

《交大》校刊从本学期起迁到西安出版，刊期连续，本日出第69期(迁西安后的第1期)。

9月上旬　上海市商业局为支援交大西迁，抽调一批商店随交大迁来西安。有：煤球厂、洗染店、理发部、成衣部、皮鞋店等。煤球厂等已于本月上旬开始营业。

9月18日　已有40名新助教来西安报到。

9月21日　交大西安部分分党委举行会议，讨论工作计划。指出：本学期要积极向迁来西安的师生员工进行热爱西北、热爱学校的教育，总结今年搬迁工作经验，保证下学年搬迁工作的完成。

9月24日　交大党委扩大会议上，邓旭初等同志汇报去北京高教部反映情况后传达说：部里认为迁校是正确的，西北需要有一个老的学校。招生质量问题，高教部同意予以照顾；成立南洋工学院问题，该校是地方性的，仅属于上海市。传达以后，陈大燮、程孝刚等知名教授发表书面意见，表示赞同。

上海市政协组织西北建设事业参观团本月赴西北地区参观。经过25天参观后回沪向各方面作了汇报，并在12月18日《解放日报》上发表文章，指出："这次到了西北，才知道交大迁往西北的正确性。"

10月15—19日　高教部杨秀峰部长来交大西安部分视察，向教师和科以上干部讲话指出：交大迁来西安，将担负起它在上海所不能担负的重大任务，勉励大家克服迁校中所遇到的困难，积极做好工作。

11月1日　交大西安新校舍服务商场已竣工，本日起百货商店、服装部、洗染部、新华书店、粮店、银行、邮局、皮鞋部、理发部等陆续迁入营业。

11月11日　交大西安部分在分团委的组织下，今日起有3000余名学生和教工利用假日分批参加兴建兴庆公园的义务劳动。

11月18日　本校(西安部分)本学期进行第一次实弹射击在西安动力学院靶场举行，参加射击的学员有56人。

11月23日　本校(西安部分)摩托车训练班正式开课，参加学习的同学有300多人。

11月28日　本校校委会为顺利完成明年迁校任务，正式成立仪器设备安装委员会，由各系系主任参加，陈大燮为主任委员。

12月18日　本校西安部分校常委会召开扩大会议，讨论如何在学校开展增产节约运动。

12月20日　交大西安部分分团委和学生会发出开展"热爱劳动，热爱学校"的义务劳动号召。一个多月来，有80多个班级，2300多学生参加建校义务劳动，计平土面积4000多平方米，挖土700立方米。

12月22日　本校(西安部分)各种运动代表队队员120余人应邀参加了体育科和分团委联合举行的座谈会，交流了各队活动经验，苏庄副校长到会讲话。

12月25日　本校西安部分教师团总支召开青年教师教学经验交流会。

12月31日　交大校务委员会举行扩大会议，指出：为贯彻八届二中全会精神，全校人员必须注意勤俭办校，在迁校中要处处注意节约。

本校射击队14名男女运动员在西安市大学生射击比赛中，男队获得冠军，女队获得第三名。

本年度本校（西安部分）新建立了无线电系。

1957 年

1 月 9 日　交大工会、团委会、学生会在学校党政领导的支持下决定，在全校迁离上海之前，组织力量向上海人民进行一次告别活动，以感谢上海人民几十年来对学校的关怀和支持。告别活动将从寒假起陆续进行。

1 月中旬　本校（西安部分）新建的标准运动场竣工。

1 月 25 日　交大校务委员会作出《关于 1956—1957 学年第二学期工作任务的决定》，指出：第二批迁校任务比第一批迁校任务更为艰巨。上海和西安两部分，必须加强联系，紧密配合，做好各项工作。各系以迁校为首要任务，积极进行工作。

1 月 30—31 日　西安部分的 1000 多名教职工和家属热烈欢度西迁后的第一个春节，校领导、有关单位代表组成拜年队伍，纷纷走访教职工家庭。工会组织了春节联欢晚会、舞会、游艺灯谜、观看电影戏剧等游艺活动。

本校在西安成立基建处，在上海则设基建科。

2 月上旬　《交大》刊载记者采写的《在西安的第一个春节》，报道西安部分 1000 多名教职工和家属欢乐地过春节的情况。又有 9 名教师寒假中迁来西安。

2 月 14 日　本校学生会主席黄幼玲参加中华全国青年联合会第十六届委员会第二次会议，闭幕时受到毛主席、刘少奇、周恩来、陈云、邓小平等党和国家领导人的接见。

2 月 20 日　交大校常务委员会决定成立迁校办公室，并讨论通过了《迁校办公室组织条例》和《有关迁校工作的若干具体问题的规定》。

2 月 25 日　本校（西安部分）新学期开始，一、二年级近 4000 同学开始上课。为完成迁校任务，总务处成立迁校物资“接运工作组”，下设客运、货运、搬运、交接保管、房屋家具福利、总务等 6 个组。

2 月 26 日　交大西安部分校委会扩大会议讨论通过了《交通大学（西安部分）1956—1957 学年第二学期工作任务的决定》。提出：大力进行基本建设工作；做好第二批搬迁的组织，准备工作。

3月1日　《交大》校刊发表《团结协作、艰苦奋斗、完成搬迁、办好学校》的社论。

3月11日　交大校党委召开扩大会议，讨论了《迁校工作日程的安排》认为要坚决贯彻校委会决定精神，坚持原则，使思想教育与纪律处分相结合。系的迁校工作组对某些问题有决定权。

3月21日　校常务委员会发出《交通大学1957年迁校工作的安排》，规定4月份以前的工作重点为思想动员和各项准备工作，5月至8月为迁运时期，7月份以前重点为教学设备的迁运。

3月23日　九三学社交大支社再一次讨论迁校工作，谈到我们都拥护迁校，就必须做好迁校工作。强调要做人的工作，并对迁校工作提出若干建议。

3月29日　交大校刊今天起连载祖振铨同志《论迁校》的文章。

4月10日　彭康校长在三年级学生代表大会上作报告，对交大迁往西安的意义以及对待迁校中的困难应有的态度作了指示，西安来的老师介绍了情况，电制44班代表宣读了“每人为迁校工作做一件有益的事”的倡议书。

4月13日　彭康校长向交大上海部分教职员传达毛主席在中共中央宣传工作会议上的讲话，同时，对迁校的有关问题作了解释说明。

4月15日　交大印刷厂本月13日正式成立。铅印和照相制版部分的职工及家属70余人今日启程赴西安，争取5月中旬投入生产。石印和胶印部分将于5月和7月分别前往西安。

4月20—27日交大工会为动员全体会员做好迁校工作，今日起召开会员大会。在大会发言中对迁校提出了各种看法。

4月22—24日　中央宣传部派人来交大了解迁校问题，与彭康、邓旭初同志和程孝刚、钟兆琳、周铭、周志宏、沈三多教授等谈了话，听取情况反映和意见。

4月25日　交大西安部分教职工听了毛主席在最高国务会议和宣传工作会议上讲话的传达后，在讨论中，有的教师提出：过去宣传工作中有偏差，光讲事情的有利方面；校刊在迁校宣传中有夸大和片面。

4月下旬　交大校党委常委、人事处处长林星同志迁来西安，与西安市有关部门联系商洽教职工配偶调来西安的工作安排问题，并参与领导西安部分师生员工的迁校问题讨论。

4月28日　西安部分举行分党委扩大会议，苏庄传达了周总理对交大迁校的指示，要求交大党委要保证中央政策的贯彻，并把这一点传达到党员同志。

5月上旬　交大校常务委员会决定：由陈大燮教务长、程孝刚、钟兆琳、郑家俊教授，邓旭初主任等成立五人小组，专门研究处理迁校问题。为了更好地吸取大家意见，决定暂时停止实验设备的拆卸装箱；西安新校址的基建工作也暂时停止。

5月6—8日　交大校委会扩大会议讨论五人小组提出的初步方案，陈大燮就五人小组拟定的几个方案作了说明。经过讨论，彭校长最后发言：在已经发言的同志中绝大部分不同意迁校…但对许多具体问题必须考虑，方针确定后就要解决实际问题。彭校长宣布暂时休会，指定专人根据会上意见作具体研究后，再继续举行会议。

5月9日　晚上，交大西安部分少数学生因传闻要与西安动力学院合并；上海部分不再迁来等消息后，情绪比较偏激，有的要求停课讨论。

5月10—11日　交大西安部分召开学代会，绝大部分代表发言认为迁校不正确，反对设立新校或分校，反对任何形式分裂交大。

5月17日　在交大党委扩大会议上，彭康校长说：现在牵涉到的面很广，周总理的意见还要考虑；陕西省委和西安市委向中央报告，一定要交大迁过去，不迁那后果不可设想。

5月18日　交大校委扩大会议继续进行，在各系汇报以后，彭校长提出了一个综合性意见：第一，根据情况的变化，现在大家认为以不迁为宜，同时，西安部分全部有步骤地迁回。第二，高教部如果认为需要在西安设一多科性工业大学，交大可进行支援。这些意见最后还需要由国务院决定。

5月19日　根据高教部通知，彭康、陈大燮、沈三多、林海明四人由沪启程赴京，西安部分推派殷大钧、朱荣年两人由西安直接赴京，反映和讨论迁校问题。同时，西安部分另推选教师、职员、工人代表各一名、学生代表三名去北京向彭校长汇报迁校问题讨论情况。

5月23—25日　国务院和高教部举行会议，决定采取民主协商的办法，解决交大迁校问题。周总理连续三天听取各方面对交大迁校的意见。

5月28日　周总理下午听取交大领导汇报之后，当晚又找几位老教授到中南海交谈，座谈会从晚7时一直开到深夜2时。

5月29日　杨秀峰部长给周总理书面汇报，谈到估计不能迁到西安去的教授、副教授人数和情况。

6月4日　周总理召集交大以及有关院校和部门开会，就交大迁校问题作了长篇精辟的讲话，提出解决交大迁校问题的两个方针、三个方案。会前，曾先在西华厅总理寓所召集少数领导同志开会，交大的彭康、苏庄两同志与会。

6月6日　交大彭康、陈大燮、沈三多、林海明等一行于今晚返沪。

6月7日　彭校长向交大党委会、校常委会分别传达总理讲话，决定"争取第一方针，保证实现第三方案"的工作方针，在全校重新开展讨论。

杨秀峰部长自京飞沪，传达周总理关于迁校问题的讲话，并处理交大迁校问题。

苏庄副校长向交大西安部分师生传达周总理在国务院召开的会议上的讲话。

6月8日　彭校长在交大上海部分师生员工大会上传达周总理讲话。希望交大教师本着一切有利于社会主义建设的原则，来重新讨论迁校问题。

6月9—12日　杨秀峰部长与交大高压教研室教师、无线电系教师，九三学社、民盟成员教师分别进行座谈。

交大党委分别召开九三学社、民盟成员教师座谈会。

6月13日　交大上海部分召开全体同学会，党委副书记邓旭初作迁校问题经过情况的报告。

中共上海市委召开民主党派负责人座谈会，杨部长传达周总理关于交大迁校问题讲话的精神，绝大多数与会者赞成迁校。

6月14日　交大校委会召开扩大会议，陈大燮教务长、沈三多、林海明教授详细介绍国务院高教部讨论迁校问题的情况。

6月15日　杨部长在交大上海部分同学大会上作报告，指出：西安是工业基地和国防工业中心；周总理转达别人的说法：交大是骄而大，交大应该警惕。

6月16和20日　交大西安部分邀请西安地区部分工厂、设计院的厂长、总工程师等来校座谈，他们介绍了西安工业建设情况，谈了对上海、西安工业的看法和对交大迁校的希望。

6月17日　在西安市人民代表会议上，兄弟院校侯宗濂等15位代表联合发言，对交大已迁来西安的同志表示慰问，并热诚迫切地欢迎上海部分的同志早日全部迁来西安。

6月17—19日　中共上海市委第一书记柯庆施分三次请交大教授、副教授、讲师、助教进行座谈。柯说：上海市委主张交大西迁，认为西迁利多弊少。

6月18日　杨部长转述周总理讲话的稿子在上海各报上刊登。因有的标题不妥，杨部长下午又接待各报社记者谈话，重新进行说明。这个说明在当天《新民晚报》和次日各报上刊登。

6月20日　在交大上海部分教职工大会上，彭康校长就迁校问题发表个人意见：如果大家同意，还是全部迁往西安好。

6月21日　九三学社交大支社在上海市分社的建议和指示下，召开会议讨论迁校问题。

上海各报发表记者访问交大教师的谈话。

6月下旬　杨部长访问交大周铭、朱公谨等著名教授并约请其他重要教师个别谈话。

6月22日　中共上海市委就交大迁校问题召开工程技术界座谈会，参加的17个工业单位的工程技术人员，一致赞成交大迁往西安。

6月23日　知名人士、老校友黎照寰、伍特公先生接待《交大》（增刊）记者采访，谈对交大迁校问题的看法，勉励母校青年要培养艰苦奋斗，不怕困难的精神。

交大党委召开扩大会议，杨部长在会上提出交大分设两地的方案，经党委会讨论同意。杨部长曾就这个方案请示过周总理，总理同意可以这样做法，但不要勉强，以免被动。

6月24日　交大召开校委常委会，彭校长提出解决迁校问题的原则和方案。

6月24—25日　交大西安部分校委会举行扩大会议，讨论迁校问题。绝大部分同志认为交大西迁利多弊少。

6 月 25 日　交大校常委会讨论通过分设西安、上海两部分的原则和方案。电请西安部分派人来参加校委会。

6 月 26 日　中国科学院郭沫若院长、钱学森校友致函交大，认为：从长远和全局观点来看，西迁比留在上海更好；迁校问题已经得到党和政府高级领导的注意，我相信他们的决定是明智的。

6 月 28 日　刘皑风副部长给杨部长来电话，转述陕西省委对交大迁校方案的意见，杨部长、柯书记认为这个意见不妥，要刘副部长再与陕西省委研究。

6 月 29 日　交大校委扩大会讨论迁校新方案，彭校长读了郭沫若、钱学森同志的来信，张鸿副教务长汇报西安部分讨论情况。

6 月 30 日　在有主要教师和职工、学生代表 100 多人参加的校委扩大会议上，6 月 25 日校常委会通过的解决迁校问题新方案获得绝大多数人的同意，原则通过。

7 月 1 日　杨秀峰部长召开交大三、四年级同学代表座谈会，听取对迁校问题的意见。绝大多数代表认为全部西迁好，如果全迁有实际困难，也拥护分设两地的新方案。

听取对迁校新方案的意见，彭康校长参加会议，希望同学们迎接困难，克服困难，服从学校分配。

7 月 3 日　杨部长召集交大及南洋工学院负责人举行会议，对两校合并问题提出原则意见和具体办法，并希望交大今后能发挥更大的作用。

7 月 4 日　经过两次系主任会议讨论研究，对某些问题作了进一步明确和修订后的迁校新方案，今天下午在校委扩大会上一致通过。杨部长到会发了言。

7 月 5 日　彭康校长向交大上海部分师生员工作报告，阐明新方案的意义，指出迁校问题讨论过程中的收获和不足之处。

学生会就校委扩大会议通过迁校新方案后给全体同学信。

7 月 6 日　彭康校长，任梦林总务长，张鸿、黄席椿副教务长，郑家俊、钟兆琳、严晙、朱麟五、张景贤、陈学俊、徐桂芳、赵介文等 12 人乘飞机到西安，与西安部分师生员工一起讨论贯彻迁校新方案。

7月8日　在西安各高等院校负责人会议上，杨秀峰部长报告在上海处理交大迁校问题的经过，彭康校长谈专业设置等问题。

7月9日　彭康校长向交大西安部分师生员工作关于迁校问题的报告，传达校务委员会根据周总理指示精神，作出解决迁校问题的新方案。

7月10日　中共西安市委召开关于交大迁校问题座谈会，出席省市政协、各民主党派、各高校负责人和知名教授共40余人。杨部长、彭校长分别报告了交大迁校问题讨论经过和迁校新方案，与会发言者20多人一致赞同这个方案。

7月27日　杨部长来交大西安部分召开座谈会，就交大迁校问题讲了话，当晚，向全体同学作了报告。

7月29日　交通大学将《解决迁校问题的方案》呈报高教部。

7月31日　杨部长召集交大、西动、西工、西农四校合作委员会第一次会议，宣布名单：彭康任主任委员，苏庄、安乐群、康迪、李有山任副主任委员。并就今后工作讲了话。

8月4日　高教部将《关于交通大学迁校及上海、西安有关学校的调整方案的报告》呈报国务院。

8月20日　交大校党委举行扩大会议，讨论迁校及开学工作。会议讨论通过了《关于原交大上海部分教职工统一调配的原则》。

8月下旬　上海市人大代表，交大教授陈大燮、薛绍清、朱麟五、钟兆琳在市人代会上联合发言：《交大迁校的讨论及其解决方案》。

8月28日　交大、船院、南洋工学院三校联合委员会举行扩大会议，宣布交大组织机构及各系处负责人名单。通过《对干部安排调整的意见》及《船院的组织和任务》。

9月5日　周恩来总理亲笔写信给杨秀峰部长，正式批准高教部8月4日所报《关于交通大学迁校及上海、西安有关学校的调整方案》。

9月上旬　迁校工作正在积极紧张进行，教职员工和学生成批前往西安，即将迁往西安的各实验室正在紧张进行拆卸、装箱、启运等工作，各种家具、用具陆续运往西安。

9月12日　国务院发出文习字第110号文《关于交通大学迁校问题的批复》称："国务院同意你部8月4日所报关于交通大学迁校及上

海、西安有关学校的调整方案，希即照办。”

9 月 13 日　高教部、一机部联合发出(57)工刘放字第 246 号文《关于交通大学迁校及与上海造船学院、南洋工学院合并问题的批复》；高教部、电力部、二机部联合发出(57)高密工字第 344 号文《关于西安地区高等工业学校布(部)署以及成立西北工业大学问题的批复》。

9 月 21 日　本校(西安部分)举行迎新大会，苏庄副校长向新同学作报告。

10 月 5 日　交大西安部分师生员工 9000 余人举行开学典礼，刘庚市长、省委张华莘部长等负责同志参加。苏庄副校长讲话：交大西安部分与西动和西工、西农部分专业合在一起，在校学生 6774 人，教职工 2330 人，其中教师 1100 多人。设 11 个系、23 个专业、61 个教研组。

10 月 9 日　陕西省委常委赵守一同志莅校报告。

10 月 16 日　本校(西安部分)7000 多师生员工赴郊区参加抗旱劳动。

11 月 6 日　本校(西安部分)全体师生员工集会，隆重纪念十月革命 40 周年，在校工作的苏联专家魏佳耶夫、谢列兹廖夫、阿列克赛耶夫同志也参加了庆祝大会。最后举行了“奔向莫斯科”象征性长跑的发奖。

11 月 10 日　本校(西安部分)水利系由 150 多名师生志愿组成的“兴修水利大队”分别出发到延安、商洛、安康、汉中、宝鸡等地担负为期 3 个月的勘测、设计、施工各方面的工作。

1958 年

1 月 14 日　加拿大劳动进步党总书记布克同志来交通大学(西安部分)参观，省委书记方仲如、交通大学(西安部分)苏庄副校长、安乐群书记陪同参观。

1 月 20 日　魏佳耶夫专家离校回国，交通大学(西安部分)举行校常委扩大会议欢送，彭康校长代表国务院周总理馈赠中苏友谊纪念章。

2 月 15 日　交通大学(西安部分)科研部提出“西安地区各有关高等学校及科学研究机构相互协作的倡议”，得到陕西省高教局和有关单位的支持。

3 月 2 日　电工器材制造系四年级全体同学 150 余人由上海迁达西安，内燃机教研组大部分教师由上海迁达西安。

3月7日　国务院任命程孝刚、陈大燮、田鸿宾三位教授为交通大学副校长。

4月11日　交大校常委会第20次扩大会议，讨论通过了校务委员会委员名单及西安部分校委会委员名单。

4月27日　中国科学院陕西分院正式成立，交大陈大燮、田鸿宾、朱麟五、钟兆琳教授担任院务委员会委员。陈大燮任副院长，朱麟五任动力研究所所长。

6月3日　交大西安部分今年增设矿山机电、自动学与远动学、数学及计算仪器三个新专业，分别属采矿系、电力工程系、无线电工程系领导。

6月14日　交大西安部分决定，从暑假起增设函授部，共设机制、发电、电制、纺织、水利、采矿六个专业，今年招生600人，并在西安、兰州、洛阳、三门峡、郑州、太原设立辅导站。

7月28日　教育部发出(58)厅秘刘字第153号《关于交接下放高等学校的通知》。教育部直属高等学校根据中央规定下放归省市领导，西安交通大学(注:指交通大学西安部分)下放给陕西省。(注:1961年1月起，根据教育部通知西安交通大学大学部经费转由教育部管理，实际上仍回归教育部领导。)

7月31日　本校(西安部分)在陕西省工业厅统一安排下，负责延安地区建立机械工业建设网的任务，支援地方工业发展。

8月5日　经陕西省高教局批准，自下学期开始，交大西安部分再新增设钢铁冶炼、有色金属冶炼、汽车拖拉机、电器仪表、工业电子学和水能动力装置(专修科)六个专业。

8月8日　经陕西省委决定，交通大学采矿、地质两系于1958年暑假起独立建院，成立西安矿业学院。该两系有教师69人和相当的设备，均移归西安矿业学院。

8月27日　本校(西安部分)组织1500多名学生参加全国高等学校大学生田径运动会闭幕式。

9月8日　最后一批西迁的教职工由上海北火车站乘车前往西安，10日清晨到达终点站。

10月4日　交通大学校常务委员会(西安部分)第35次扩大会议

决定，西安部分的电工、电力两系合并成立电机工程系；机械、冶金两系合并，成立机械冶金系；新设工程物理系，培养原子能方面的工程技术人才。

11月5日　中共中央政治局候补委员、中央宣传部部长、老校友陆定一同志来交大西安部分视察。

11月14日　校常委（西安部分）举行扩大会议，讨论本学期工作安排，大搞科研等问题，会上，彭康校长、苏庄副校长发言。

11月15—16日　本校（西安部分）在南北区田径运动场上举行民兵师秋季运动会。

1959年

2月14—18日　交通大学西安部分召开第一届党员代表大会，苏庄同志作了《中共西安交通大学临时委员会一年来的工作总结和1959年工作任务的报告》。大会选出第一届委员会，委员共31人，其中常委9人。

3月22日　中共中央作出关于在高等学校中指定一批重点学校的决定，西安交通大学和上海交通大学都进入全国十六所重点学校的行列。

3月28日，本校（西安部分）第九届团代会开幕，有640余人代表了全校6299名团员参加大会，列席代表近300人。

4月5日　本校（西安部分）举行春季民兵田径、举重、自行车体育运动会，参加运动会的男女运动员有452人，打破校纪录24项。

4月15日　交通大学西安部分校务委员会今天闭幕，选出委员47人，其中常委11人。

5月18日　中共陕西省委批准，任命彭康同志为陕西省科学技术协会主席。

7月23日　陕西省教育厅确定，将西安市第44中学拨给交通大学，作为西安交通大学附属中学。

7月27日　交通大学校常委会召开扩大会议，讨论并决定取消1957年8月20日校常委会通过的《关于原交大上海部分教职工统一调配的原则》。

7月31日　国务院发出国二陆字212号文，批复同意教育部《关于交通大学上海、西安两部分分别独立成为上海交通大学和西安交通大学以及两校分设后若干具体问题的处理意见》;同意原交通大学校长彭康同志改任西安交通大学校长。

9月19日　中国科学院力学研究所所长、老校友钱学森同志来西安交通大学参观访问。

9月23日　彭康校长在西安交大全校大会上宣布国务院关于交通大学西安、上海两部分分别独立建校的决定,号召大家积极努力,一定要把西安交通大学办得更好。

10月10日　中共中央批准:彭康同志任西安交通大学党委书记兼校长;张鸿同志任西安交通大学副校长。

10月16日　中共陕西省委批准:苏庄同志任西安交通大学党委副书记。

凌安谷,等.交通大学内迁西安史实[M].西安:西安交通大学出版社,1995.

霍有光.交通大学(西安)(1950－1978)年谱[M].北京:中国青年出版社,2013.

1955年：

绘制西迁蓝图，投入火热建设

1955年5月10日，彭康与教授们在西安实地踏勘交大新校址
左起：朱物华、朱麟五（露脸者）、任梦林、彭康、周志宏、钟兆琳、王则茂

彭康和教授们面朝广袤的黄土地擘划学校未来
右一为程孝刚教授背影

1955年5月26日，彭康校长向全校传达中央关于迁校的决定并进行思想动员

高教部部长杨秀峰（左二）多次深入学校指导迁校工作
图为1955年11月10日杨部长在交大科研现场进行考察，右二为在校工作的苏联专家

西迁时期全校(西安部分)主要建筑物概况

名　称	层　数	建筑面积m²	造价(元/平方米)	开工日期	竣工日期
中心楼	3-4	30762	74.00	1956.01	1956.08
中心楼地下室		1139	99.80	1956.01	1956.08
西二楼	3-4	20886	80.00	1957.01	1957.10
西二楼地下室		496	99.80	1957.01	1957.10
东一楼	3-4	18981	80.00	1956.11	1957.12
东一楼地下室		496	99.80	1956.11	1957.12
东二楼	3-4	17161	78.00	1957.03	1957.11
东三楼	3-4	13003	78.98	1957.11	1958.07
东三楼锅炉房		679	106.03	1957.11	1958.07
高压	1-2	1502	83.10	1958.11	1959.12
图书馆	4	11189	71.48	1959.09	1960.12
风雨操场	1-2	3255	66.00	1957.10	1958.07
学生宿舍	3	28443	44.00	1955.10	1956.07
学生宿舍地下室		1041	99.80	1955.10	1956.07
学生宿舍	4	8952	52.40	1957.11	1958.04
学生宿舍	4	2984	49.70	1960.04	1960.09
单身宿舍	3	6352	52.30	1957.03	1957.08
甲种宿舍	3	6074	64.00	1955.11	1956.07
甲种宿舍	3	6074	75.00	1956.11	1957.05
混合宿舍	3	10115	55.80	1957.03	1957.10
丁C（西班牙）	3	8887	53.60	1957.03	1957.10
202型	3	26624	55.00	1955.10	1956.07
202型地下室		1108	99.30	1955.10	1956.07
幼儿园	2	1490	95.00	1956.07	1956.11
托儿所	1	1194	56.00	1957.11	1958.04
诊疗所	2	810	77.00	1956.03	1956.07
教工、学生浴室	1	956	69.00	1956.05	1956.11
学生食堂	2	4828	59.00	1956.03	1956.07
教工食堂	1	766	65.00	1956.03	1956.07
教工食堂	1	926	50.00	1956.03	1956.07
教工、学生锅炉房	1	538	67.00	1956.03	1956.07
服务商场	1	1626	49.00	1956.03	1956.07
工厂甲	1-2	3209	64.00	1956.04	1956.10
工厂乙	1	1987	75.00	1956.04	1956.10
工厂丙	1-3	3156	96.50	1957.04	1958.02
工厂丁	1-2	2450	83.00	1957.04	1958.02
工厂戊	1-2	2532	80.00	1957.04	1958.02
手段车间	1	610	39.36	1958.11	1959.11
金属结构车间	1	1080	38.88	1958.12	1959.10
危险品库	1	68	75.70	1958.03	1958.06
汽车库	1	2138.5	51.00	1956.07	1956.11
库房	1	2475.5	40.62	1956.09	1956.12
铸工车间		590	30.43	1958.11	1958.11
变电所	1	441	172.33		
第二学生食堂	1-2	4936		1960.05	
工物	1-2	3500		1960.11	
设备仓库	1	1700	30.00	1960.04	1960.09
动力厂	1-2	1700	48.94		

占地1200余亩的西安新校园于1955年10月26日开工建设，来自全国各地的八支施工队2000余人投入工程，图为建设中的情景

交通大学西迁影存

1956年：

西行壮歌连天际，六千师生会古城

1956年1月18日，33名师生代表组成的交通大学西北参观团启程，实地考察西安新校建设以及西安、兰州、洛阳等地的社会、文教和工业发展

迁校委员会主任陈石英副校长送别参观团

第3排左起：刘福保　石　方　薛仲甫（不详）（不详）王明德　陆家训　孙　成　张世恩　邓旭初（不详）

第2排左起：叶尚思　张玉璋　张寰镜　徐桂芳　苏　庄　陈石英　沈伯参　朱荣年　吴文华　卞秀琴　沈学诗

第1排左起：江之原（不详）（不详）（不详）（不详）（不详）（不详）（不详）（不详）刘继宏　崔兴祥

参观团受到西北人民的热烈欢迎，参观团成员手中一枚热乎乎的鸡蛋，传递着三秦父老炽烈而质朴的爱心

图为陕西省领导会见参观团时的合影，右起第三排第四位为陕西省省长赵寿山，右起第三排第二位为副省长成柏仁

1956年4月8日，中央文教小组组长、中宣部长陆定一在交通大学60周年校庆上发表讲话，鼓励师生到祖国最需要的地方，为社会主义建设作出更大贡献

图为陆定一部长（左一）在彭康校长陪同下视察交大实验室

西安新校园中心教学大楼赶在迁校大军启程前投入使用

1956年6月，西安新校园首批建设的17栋教工宿舍楼、14栋学生宿舍楼宣告竣工

1956年陆续竣工的东一、东二、东三楼

体育馆与大操场均在1956年投入使用

启程前的精心打包装箱

夜以继日的搬运现场

离开西安前感人的一幕：张寰镜教授（右）手中是造船学院同行所赠锦旗，上书：“高山低头，大河让路，满怀信念到西安”，同行手中由交大制图教研组赠送的锦旗上写的是：“汪洋无阻，沧海可渡，共展长才兴祖国”，张寰镜时已年近六旬，是迁校教授中年龄最大的一位

画法几何教研组离别上海前合影留念

俄文教研组离别上海前合影留念

马列教研组离别上海前合影留念

财务科离别上海前合影留念

幼儿园教工离别上海前合影留念

6月，后勤先遣队启程；7月，教学先遣队抵达西安，张鸿副教务长（右）作为迁校先遣队负责人，是第一位迁来西安的交通大学教授

1956年8月10日，迁校大部队从徐家汇老校园出发

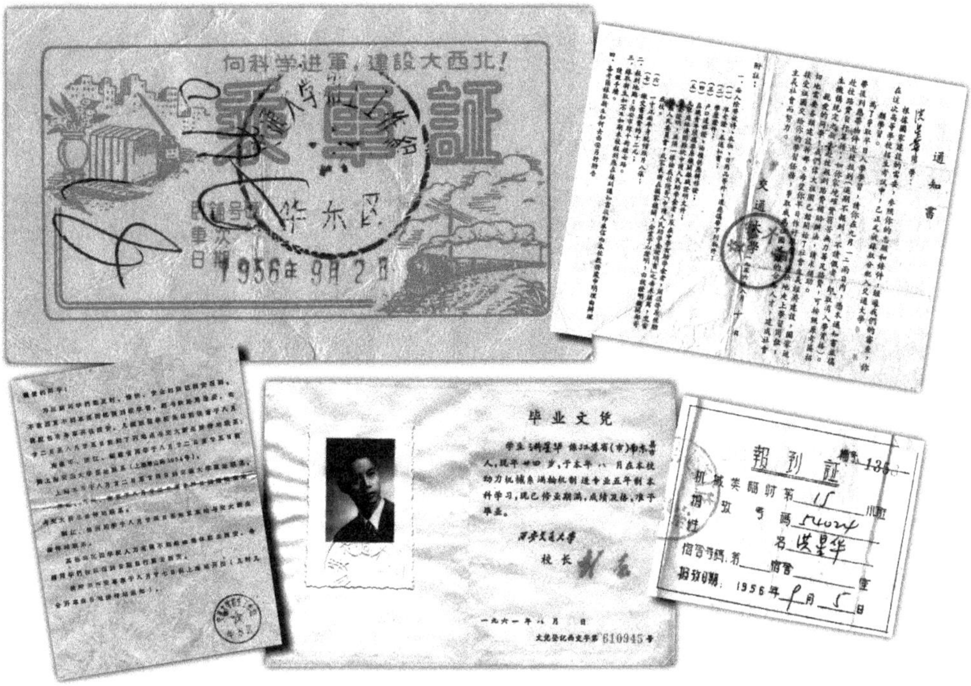

1956年考入交大的同学们在西安报到，图为1956级洪星华校友所珍藏的入学通知书、报到证、乘车证等，乘车证上醒目地写着一行大字：“向科学进军，建设大西北！”这正是交通大学西迁的宗旨

1956年9月10日，交通大学首次在西安举行开学典礼
图为新华社转发的西安人民大厦交大开学典礼现场照片

西安新校园运动会上跑在最前面的，也正是西迁带队人
左起：校工会主席赵富鑫教授、总务长任梦林、副校长兼西安部分党委书记苏庄、校团委书记吴镇东（女）、体育教研室主任朱荣年副教授

西安新校园中的赵富鑫教授一家

殷大钧教授全家合影

徐桂芳教授（中）

孙成璠教授

陆庆乐先生（站立者）

季诚先生

张世恩先生

朱荣年先生

谈连峰先生

图书馆为西迁师生办起了书报流动站

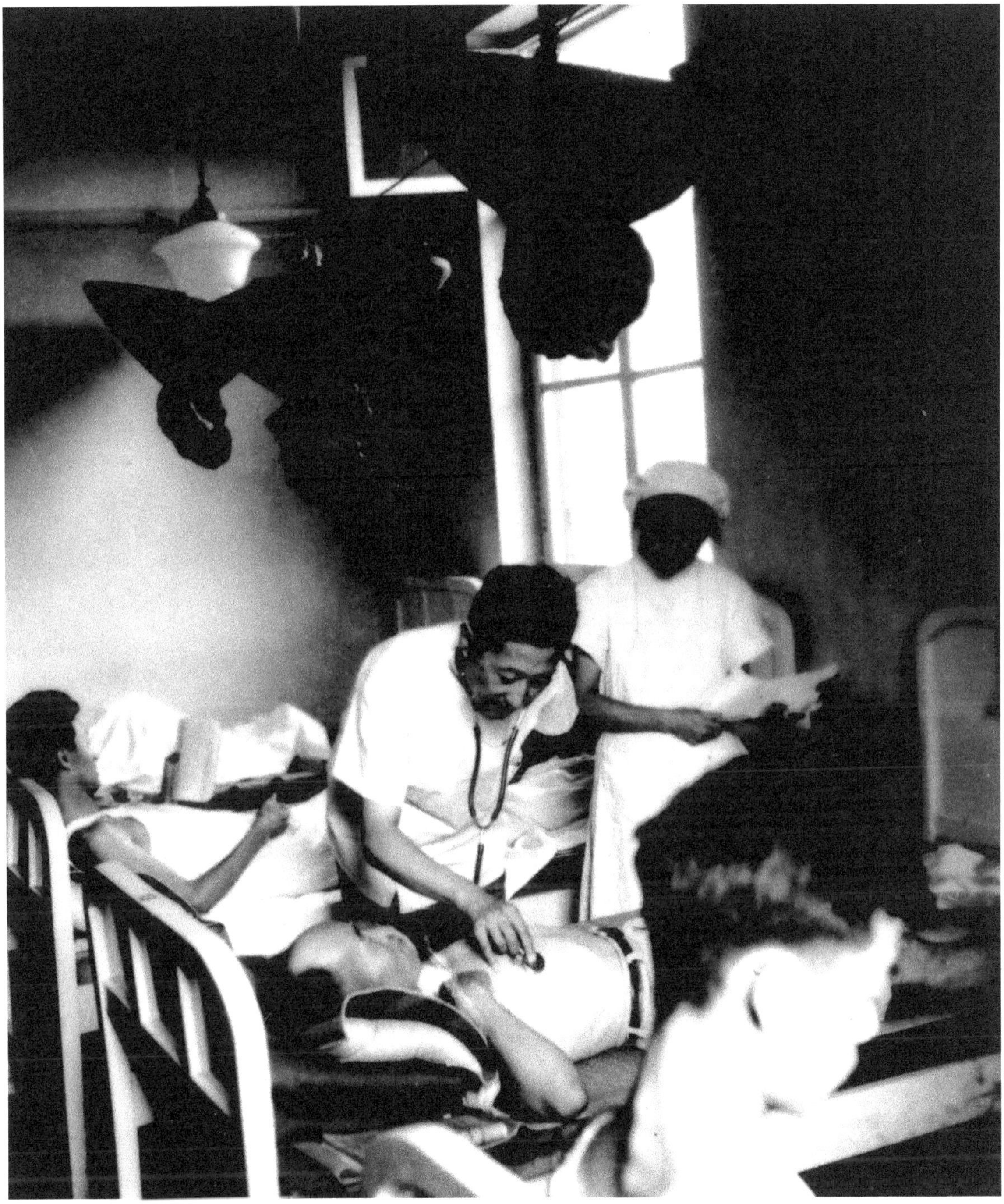

沈伯参大夫为迁来西安的师生进行诊断治疗

迁校师生踊跃投入建校劳动

食堂大师傅们确保西迁师生一到校就能吃上精心准备的可口饭菜

兴庆公园的兴建融入了西迁师生的辛勤汗水

勇攀高峰的西迁大学生们（1956年摄于骊山）

1957年：

方案更趋完善，迁校再掀高潮

1957年5月下旬至6月上旬，在周恩来总理主持下，国务院就交通大学迁校问题进行了专题研究，进一步完善了交通大学的迁校方案

继上年一二年级之后，三四年级同学在1957年迁来西安

草棚大礼堂记载着迁校之初的奋斗历程

1957年的开学典礼在草棚大礼堂举行

钟兆琳教授（右二）

陈大燮教授（右三）

沈尚贤教授（中）

黄席椿教授（中）

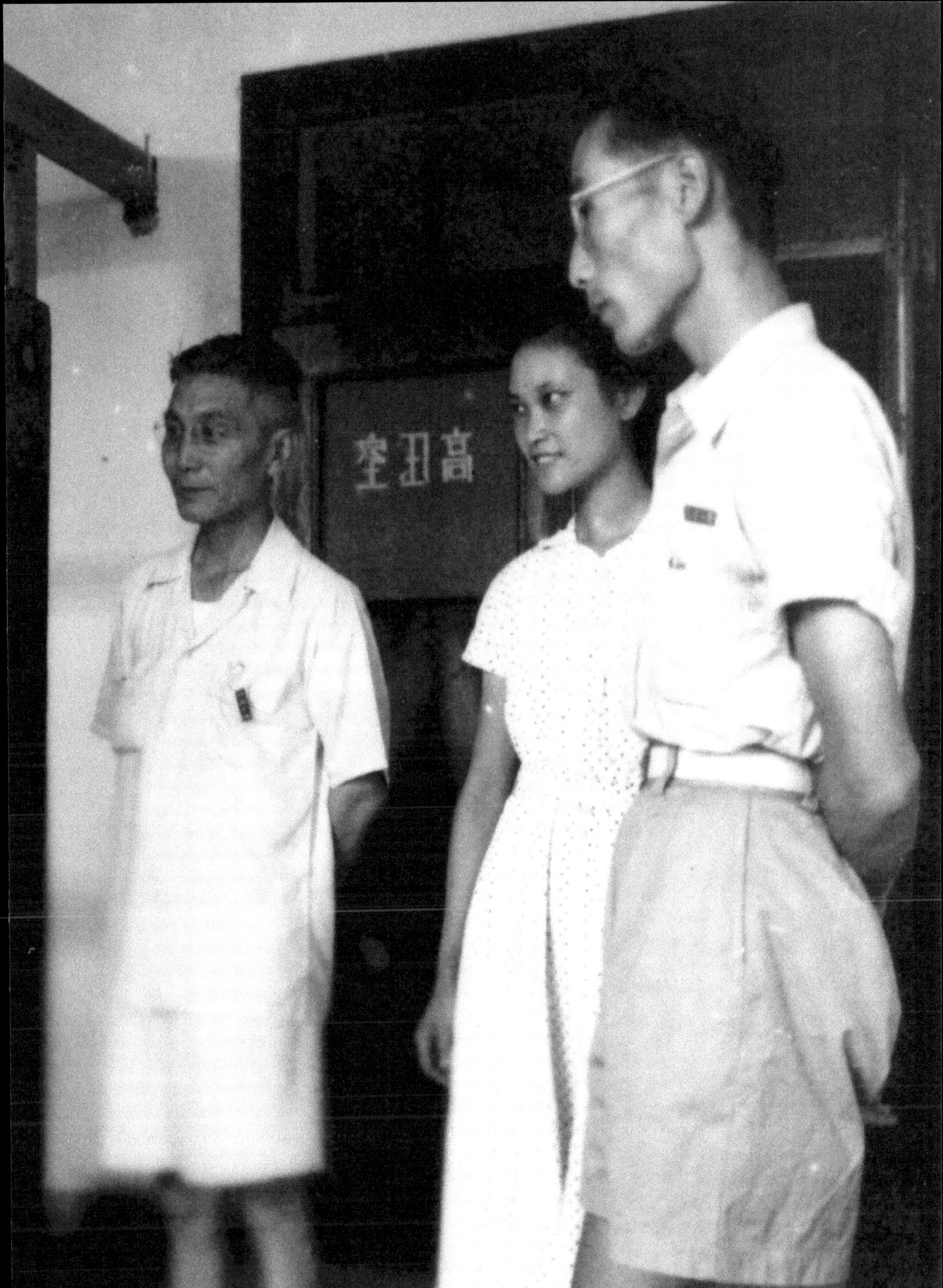

严畯教授（左一）

朱麟五教授（中）

陈学俊教授（右）

周惠久教授（右）

陈季丹教授（左三）

吴之凤教授（右四）

带头迁校的张景贤教授

陆振国教授（左一）

朱公谨教授

吴有荣教授

顾崇衔教授

江宏俊教授

沈三多教授

蒋大宗先生迁校时的全家合影

庄礼庭先生为学生授课

蔡颐年先生（左一）

苗永淼先生

朱城先生

袁轶群先生

王季梅先生

顾逢时先生

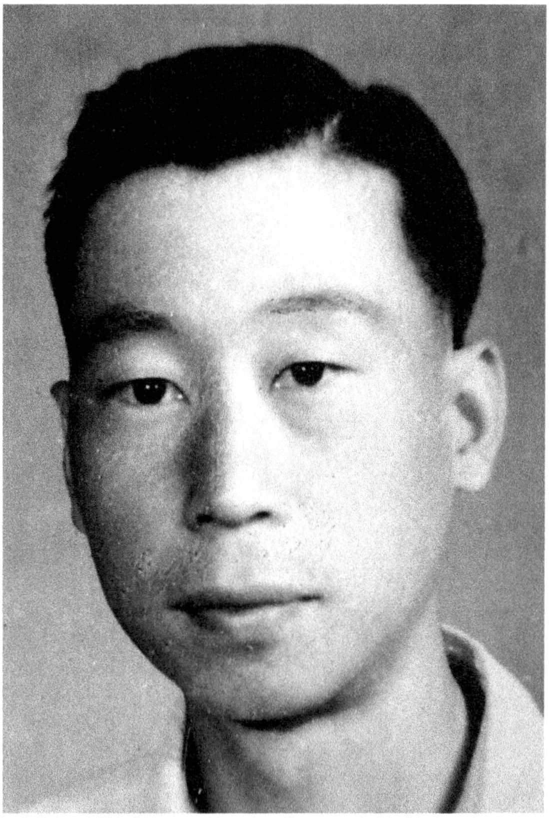

瞿钰先生

来虔先生

石华鑫先生

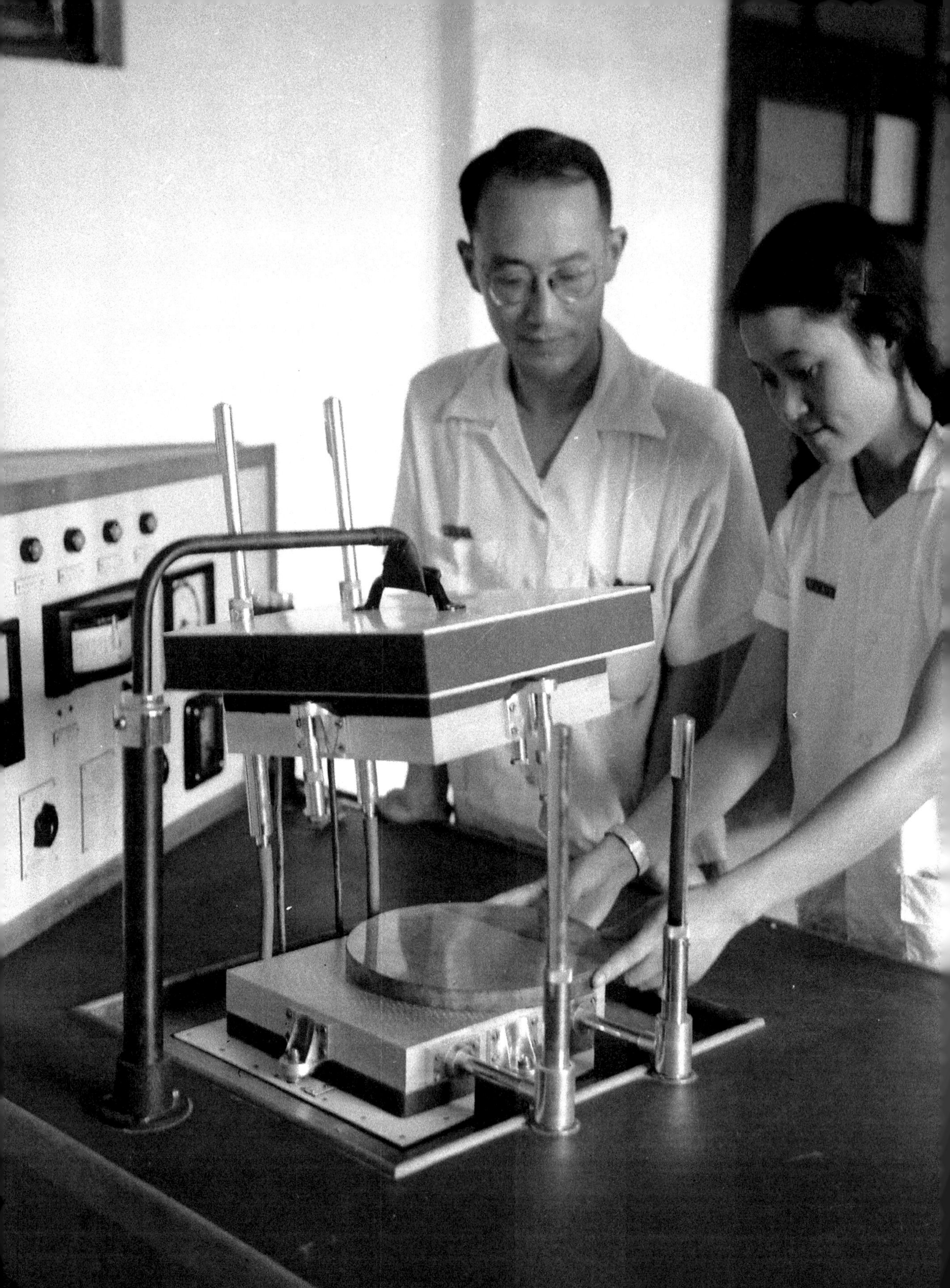

杨世铭先生（左）

刘耀南先生

于怡元先生

王哲生先生

乐兑谦先生

吴励坚先生

冯秉新先生

王绍先先生

何金茂先生

迁校前的工企教研组合影

1958年：

探索两地办学，巩固迁校成果

1958年的西安校园景象

前来参观的人们络绎不绝

彭康校长（站立者）奔波两地推进学校工作

彭康校长与青年教师谈心

苏庄副校长（右一）长年负责西安新校的发展

校务委员会举行会议

交通大学（西安部分）第一次教学研讨大会现场

聚精会神的集体备课

在图书馆落成前，行政楼402成为临时阅览室

诞生在西安新校园的我国第一台双缸式自由活塞燃器发生器

同学们“真刀真枪”投入科研实践

同学们从校外工厂实习归来

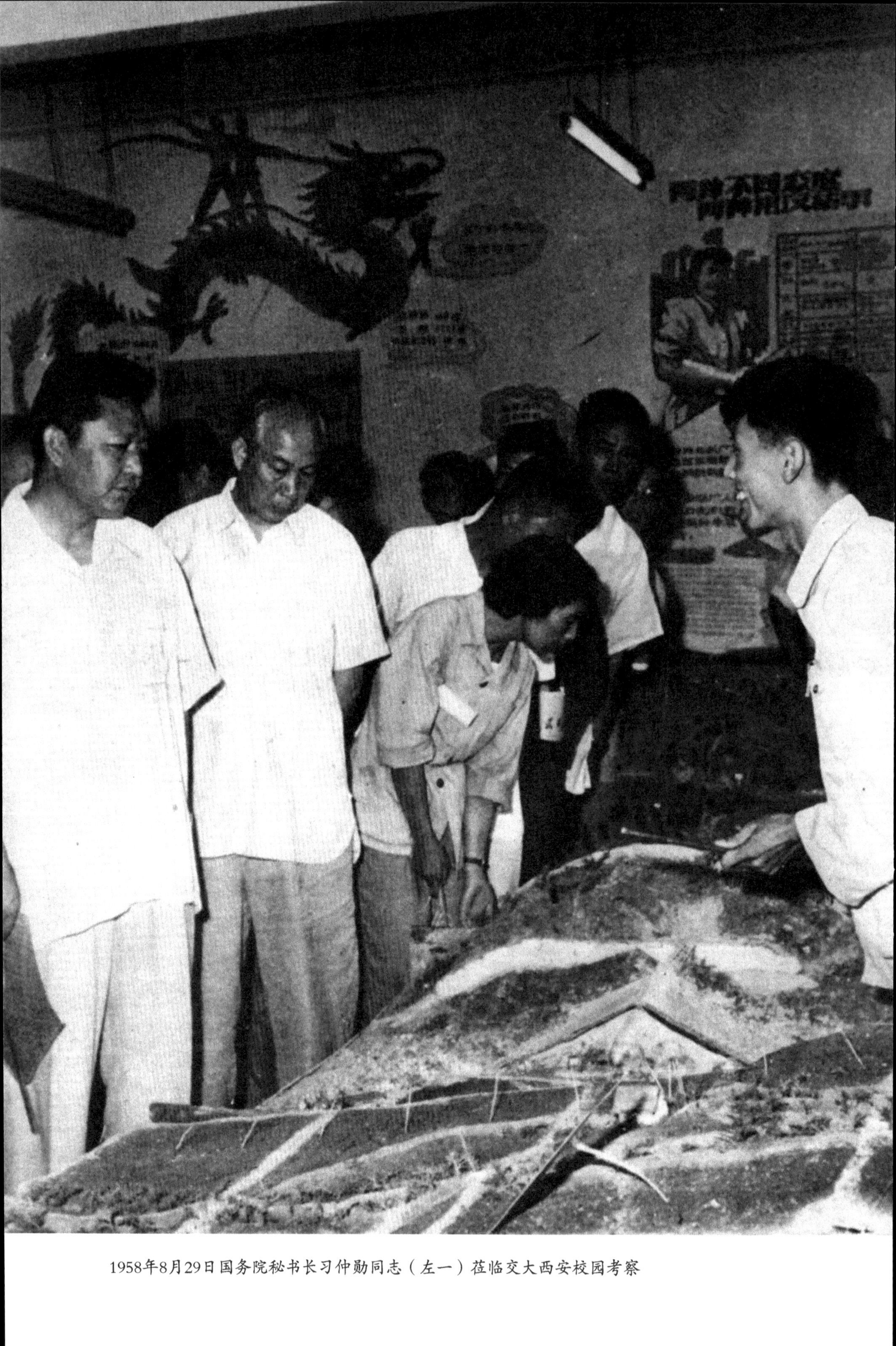

1958年8月29日国务院秘书长习仲勋同志（左一）莅临交大西安校园考察

1959年：

命名西安交大，奔向新的征程

交通大学（西安部分）第一届党代表大会于1959年2月14日召开，彭康书记作工作报告

彭康校长向同学们作报告

校园树荫下学习

校园里合唱

兴庆公园里合唱

参加1959年第一届全运会的陕西代表团主力由西安交大24名运动员组成
图为取得优异成绩的射击运动员

交大队在1959年西安市足球比赛中夺冠

独一无二的交大摩托队

交大附中1959年挂牌

1959年7月31日，关于交通大学分设为西安交通大学、上海交通大学的决定下达，嗣后任命彭康为西安交通大学校长兼党委书记
图为上海同事们欢送彭康校长（前排右五）赴西安任职的合影

在西安交大命名之初的1959年9月19日，钱学森（左二）学长来到学校看望师生，右一为苏庄同志

庆祝
西安交通大

1959年10月1日，在西安新城广场国庆十周年的游行队伍中，人们第一次看到了一个崭新的校名：西安交通大学

大西北的灿烂明珠——西安交通大学

迁校30年后的合影：1987年70岁以上的西迁老同志们